Benedikt Kranemann (Hrsg.)
Die Wort-Gottes-Feier

Benedikt Kranemann (Hrsg.)

Die Wort-Gottes-Feier

Eine Herausforderung für Theologie, Liturgie und Pastoral

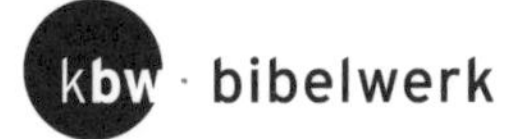

Für die Ausgabe in der Reihe „Gottes Volk“
Bezugspreise: Abonnement EUR 91,80 im Jahr; Einzelpreis EUR 12,–
Preise zuzüglich Porto. Preise einschließlich Mehrwertsteuer.
Abbestellungen sind mit einer Frist von 8 Wochen zum Ende eines Lesejahreszyklus ABC möglich.

Gottes Volk Ausgabe
ISBN 3-460-26659-7
978-3-460-26659-9
ISSN 0946-8943

Buchausgabe
ISBN 3-460-33066-X
978-3-460-33066-5
Gesamtherstellung: J.F. Steinkopf Druck GmbH, Stuttgart

Inhalt

Einleitung

„Wort-Gottes-Feier" ist ein Begriff, der für manchen längst auch am Sonntag eine Realität des gottesdienstlichen Lebens bezeichnet, während er sich für andere immer noch schwer buchstabiert und ein unbekanntes Phänomen beschreibt. Die Zahl der katholischen Gemeinden in Deutschland, die wochentags, aber auch am Sonntag nicht mehr zusammen mit einem Priester die Eucharistie feiern können, wächst beständig. Neben Gemeindezusammenlegungen oder der Schaffung größerer Seelsorgeeinheiten, die häufig umstritten sind, wird nach neuen Gottesdienstformen gesucht, die von Laien geleitet werden und in einer schwierigen Situation kirchlicher Existenz eine Lösung bieten können. Die Wort-Gottes-Feier wird mittlerweile vielerorts als eine solche Liturgie betrachtet. Wie der Name schon andeutet, soll sie als eine besonders feierliche und damit beispielsweise dem Sonntag angemessene Form der Liturgie gefeiert werden. Sie soll sich als gemeindliche Liturgie bewähren und – ein Anspruch, der an alle Liturgie erhoben wird – Quelle christlicher Spiritualität im Alltag sein.
Die Suche nach solch einer Liturgie ist nicht so neu, wie es heute erscheinen mag. Katholische Christen auf dem Gebiet der ehemaligen DDR haben schon seit langer Zeit Erfahrungen mit „Stationsgottesdiensten" sammeln können. Einer der Vordenker, der langjährige Leiter des Magdeburger Seelsorgeamtes und spätere Bischof in Erfurt, Hugo Aufderbeck, suchte nach einer Gottesdienstform, die nicht als „Notlösung", sondern theologisch wie praktisch als Gemeindegottesdienst akzeptiert werden sollte. Drei Elemente standen bei einem solchen Gottesdienst für ihn im Vordergrund: Schriftlesung, Gebet und Koinonia. Eine einfach durchzuführende, aber spirituell bereichernde Wortliturgie sollte der Situation in der mehrfachen Diaspora entsprechen. Auch in den Missionsgebieten war das Problem des Priestermangels zur Mitte des 20. Jahrhunderts so drängend, dass man nach alternativen Gottesdienstformen für den Sonntag suchte. Interessant ist im Rückblick, dass man zeitgleich unterschiedliche Modelle kannte, also durchaus „experi-

mentierte" und auf der Suche nach stimmigen Gottesdienstformen war. Liturgiegeschichtlich hieße es aber zu verkürzen, würde man nicht erwähnen, dass es auch in den Jahrhunderten zuvor in der katholischen Kirche, auch in Deutschland, sonntägliche Gottesdienste gegeben hat, die von Laien geleitet wurden und natürlich Wortgottesdienste waren. Während des Kulturkampfes im 19. Jahrhundert lassen sich solche Feiern und sogar dafür konzipierte liturgische Bücher in Basel und Paderborn nachweisen. Diese Beispiele zeigen, wie man in einer bedrängenden Situation nicht kapituliert, sondern Gemeinden und einzelne Laien in neuer Weise aktiviert hat. „Der plötzliche Wegfall der gewohnten Vorsteherrolle des Priesters und das Erlebnis der von den Bischöfen autorisierten ‚Laien-Gottesdienste' führten den Gläubigen ganz neu vor Augen, wieviel Verantwortung sie wahrnehmen konnten und welche Möglichkeiten der Gestaltung sich ihnen boten", resümiert Franz Kohlschein eine jüngst vorgelegte Untersuchung.[1]

Ähnliche Herausforderungen stellen sich heute. Wieder gilt es, situationsgerecht und zeitgemäß Gottesdienstformen zu schaffen, mit denen auch am Sonntag Liturgie gefeiert werden kann. So wenig zu übersehen ist, dass Wort-Gottes-Feiern dort stattfinden, wo keine Eucharistie gefeiert werden kann, so sehr muss doch betont werden, dass die Wort-Gottes-Feier nicht als „Ersatzliturgie" und „Notlösung" abgetan werden kann. Sie ist eine andere Liturgie als die Eucharistie, aber besitzt aufgrund ihrer Wirkung für den Menschen (Performanz) und ihrer entsprechenden Feiergestalt (Performance) für den Einzelnen wie die Gemeinschaft einen hohen Stellenwert.

Das betonen auch die Beiträge des vorliegenden Buches, die einmal mehr zeigen, mit welch komplexer Liturgie trotz aller Elementarisierung, also Zurückführung auf Grundelemente der Gottesdienstfeier, man es zu tun hat. Alle Ausdrucksformen gottesdienstlichen Handelns – Wort, Körper, Klang, aber auch Objekte wie vor allem der Raum und seine Orte sowie das Soziale, also Personen, Zeitgliederungen usw. – spielen hier eine Rolle.[2] Der Mensch mit seiner ganzen Sinnenhaftigkeit und Liturgie mit all ihren Ausdrucksebenen sind im Spiel. Wort und Zeichenhandlung bilden die Basis dieser Liturgie. Rollenverteilungen und unterschiedliche Formen tätiger Teilnahme bringen zum Ausdruck, dass es um ein Handeln kirchlicher Gemeinschaft geht. Der immer wieder neue und geradezu basale Rückgriff auf die Bibel als Heilige Schrift bindet diese Liturgie in die Heilsgeschichte und ihre Anamnese, ihre Vergegenwärtigung im Hier und Heute, ein. Erinnerung und Hoffnung prägen auch diese Liturgie, die die Heilsgeschichte von der Schöpfung bis zur Vollendung bei Gott feiert.

Angesichts der Aufgaben und Herausforderungen, die diese Liturgie stellt, soll das vorliegende Buch theologische Orientierung, Hilfestellungen und Informationen bieten. Ergebnisse der theologischen Diskussion der letzten Jahre werden für Praktikerinnen und Praktiker aufbereitet. Man darf nicht vergessen, dass die Wort-Gottes-Feier am Sonntag häufig von wirklichen „Laien", also nicht geschulten Theologinnen und Theologen, geleitet wird. Umso größer sind die Anforderungen an die Leiterinnen und Leiter, wenn diese Form des Gottesdienstes etwa Sonntagsgottesdienst einer Gemeinde sein soll. Die Reihe der Aufsätze eröffnet Klemens Richter, der anhand der innerkirchlichen Diskussion die Bedeutung der Wort-Gottes-Feier erkundet und vor allem ihren theologischen Dimensionen (Ekklesiologie, Liturgieverständnis, Gegenwart Christi im Wort) nachgeht. Thomas Söding nähert sich durch das Begriffspaar „Verkündigung durch Lesen" – „Glauben durch Hören" der Theologie der Wortverkündigung. Eine vielleicht nicht einfach nachzuvollziehende theologische Aussage, die aber gerade für die Wort-Gottes-Feier von tragender Bedeutung ist, spricht von der Gegenwart Gottes im Wort. Wie sich das verstehen und im Sinne der Wirksamkeit des Gotteswortes weiterführen lässt, erläutert die Systematikerin Dorothea Sattler. Gottes Wort im Gottesdienst wird im Moment des Lesens zu einem lebendigen Gebilde und findet im Gebet seine Antwort. Egbert Ballhorn geht an der Grenze von Kulturwissenschaft und Liturgiewissenschaft den für jeden Wortgottesdienst weitreichenden Implikationen nach. Schließlich muss unter den Aufsätzen zu den biblisch-theologischen Konturen der Wort-Gottes-Feier ein Aufsatz von Martin Stuflesser genannt werden, der nach der ökumenischen Dimension dieser Gottesdienste fragt.

Der zweite Teil des Buches ist mit „Formen und Strukturen der Wort-Gottes-Feier" überschrieben. Mit der vielfältigen Gestalt dieser Feier-

form befasst sich Birgit Jeggle-Merz. Den schwierigen Fragen um die Leitung der Wort-Gottes-Feier und die notwendige Leitungskompetenz geht Reiner Kaczynski nach. Benedikt Kranemann stellt das „Lob- und Dankgebet" als ein neues Gebetselement in der Wort-Gottes-Feier vor und interpretiert einige dieser Gebete in heutigen liturgischen Büchern. Eduard Nagel befasst sich mit einer der strittigsten Fragen dieser Liturgie: Wie soll man es aus theologischen Gründen mit der Kommunionfeier in der Wort-Gottes-Feier halten? In dieser Liturgie könnten die Psalmen neu entdeckt werden. Doch dazu braucht es u.a. gemeindegerechte Weisen des Psalmengesangs, zu denen sich Wolfgang Bretschneider äußert. Die Wort-Gottes-Feier wäre als reine Wortliturgie missverstanden, braucht vielmehr auch Zeichen und Zeichenhandlungen. Theologische Überlegungen und praktische Beispiele formuliert Karl Schlemmer. Welches Gewicht die Predigt in einer solchen Liturgie besitzt und wie Laien sie vorbereiten können, führt Hermann Würdinger aus. Schließlich widmet sich Albert Gerhards dem Ambo als Ort der Wortverkündigung und bringt damit die Dimension des Raumes in den Themenzusammenhang ein.
Für manch einen wird die Lektüre des Buches möglicherweise zur Erstbegegnung mit der Wort-Gottes-Feier. Deshalb ist es sinnvoll, zu Beginn eine solche Feier, wie sie in einem kirchlichen Buch für Sonn- und Festtage skizziert wird, kurz zu beschreiben. Das im Jahre 2004 von den Liturgischen Instituten Deutschlands und Österreichs herausgegebene Buch „Wort-Gottes-Feier. Werkbuch für die Sonn- und Festtage" kennt vier Teile einer solchen Liturgie: Eröffnung – Verkündigung des Wortes Gottes – Antwort der Gemeinde – Abschluss.
Die Eröffnung mit dem Einzug und einem Gesang zur Eröffnung, Kreuzzeichen, Gruß und Einführung, Christusrufen und Eröffnungsruf ist so oder ähnlich aus anderen Gottesdiensten vertraut. Sie soll der Konstituierung von Gemeinschaft dienen und in die Feier und die angemessene Teilnahmehaltung hineinführen. Ähnliches gilt für den Abschluss: Mit Mitteilungen, Segensbitte, Entlassung und eventuell einem Schlusslied besitzt er den Charakter einer Sendung und schlägt den Bogen zwischen Gottesdienstfeier und Alltag.
Im Mittelpunkt der Liturgie steht die Verkündigung aus der Heiligen

Schrift. Eine erste und eine zweite Lesung, dazwischen ein Psalm, Ruf vor dem Evangelium und dann eben das Evangelium folgen. Mit der Auslegung und Deutung und einer Stille endet die Verkündigung des Wortes Gottes.

Ihr schließt sich die Antwort der Gemeinde an, die nun ausführlicher gestaltet werden kann und das „dialogische" Moment dieser Liturgie und die im Hören und Antworten abgebildete Kommunikation zwischen Gott und Mensch in den Mittelpunkt stellt. Es kann zwischen verschiedenen Elementen ausgewählt werden: dem Glaubensbekenntnis, einem Predigtlied, dem Taufgedächtnis, Schuldbekenntnis und Vergebungsbitte sowie Segnungen, die zum Sonn-(Fest-)Tag gehören. Friedenszeichen und Kollekte sind vorgesehen. Ein festliches Lobpreisgebet, das mit einem Hymnus schließt, folgt. Mit Fürbitten, Vater unser und einem Lob- und Danklied endet dieser Teil der Liturgie. In ihn kann gegebenenfalls eine Kommunionfeier integriert werden.[3]

Eine differenzierte Liturgie, die der Gestaltung bedarf, sie aber auch ermöglicht – um diese Aufgabe wahrnehmen zu können, braucht es Anleitung und Kriterien, aber auch die Ermutigung, sich auf diese neue Form des Gottesdienstes einzulassen. Dazu wollen die folgenden Aufsätze ihren Beitrag leisten.

Benedikt Kranemann

Klemens Richter

Zur theologischen Bedeutung von Wort-Gottes-Feiern

1. Wort-Gottes-Feiern als Liturgie der Ortskirchen des deutschen Sprachgebietes

Wort-Gottes-Feiern sind im deutschen Sprachgebiet an Werktagen wie an Sonn- und Festtagen besonders dort, wo keine Eucharistiefeier möglich ist, eine nach umfangreichen liturgiehistorischen, liturgietheologischen und pastoralliturgischen Studien[1] durch die Bischöfe nicht zuletzt unter dem Druck des Priestermangels voll akzeptierte und empfohlene Form der Gemeindeliturgie. Das wird vor allem durch die Herausgabe eigener liturgischer Bücher durch die deutschschweizerischen Bischöfe für die Schweiz 1997[2] und die Bischofskonferenzen Deutschlands wie Österreichs sowie des Erzbischofs von Luxemburg für deren Länder 2004[3] klar erkennbar. Für die Schweizer Bischöfe ist „die Wortgottesdienstfeier als sonntäglicher Gemeindegottesdienst ... eine authentische Liturgieform, die ... für die hiesige Teilkirche verbindlich ist".[4] Sie „darf nicht als Geringschätzung der Eucharistiefeier missverstanden werden. Wichtig ist vielmehr, dass in jeder Pfarrei und in jeder religiösen Gemeinschaft der Sonntag als Tag der Auferstehung Christi gemeinsam gefeiert wird."[5] Die deutschen und die österreichischen Bischöfe verweisen – theologisch etwas zurückhaltender – auf die Enzyklika „Ecclesia de Eucharistia" von Papst Johannes Paul II.: „Wenn einer Gemeinde der Priester fehlt, sucht man mit Recht nach einer gewissen Abhilfe, damit die sonntäglichen Gottesdienste weiterhin stattfinden. Die Ordensleute und Laien, die ihre Brüder und Schwestern im Gebet leiten, üben in lobenswerter Weise das gemeinsame Priestertum aller Gläubigen aus, das in der Taufgnade gründet. Derartige Lösungen müssen aber als bloß vorläufig betrachtet werden, solange die Gemeinde auf einen Priester wartet."[6] Aber auch für die Bischöfe in Deutschland und Österreich ist klar: Ist „eine Messfeier nicht möglich und ist der nächste Ort, an dem die heilige Eucharistie gefeiert wird, unzumutbar weit entfernt, so soll die Pfarrgemeinde am Sonntag eingedenk des Herrenwortes: ‚Denn wo zwei oder drei in meinem Namen versammelt sind, da bin ich mitten unter ihnen' (Mt 18,20) zu einer Wort-Gottes-Feier zusammenkommen, um die Gegenwart des Herrn in seinem Wort zu feiern. So werden die Gläubigen einander und ihren Herrn nicht aus den Augen verlieren, und ihre Sehnsucht nach der heiligen Eucharistie wird lebendig bleiben."[7] „Nach einigen Jahren der Erfahrung" – so die Schweizer Bischöfe – ist inzwischen „eine verbindliche Gottesdienstordnung notwendig ... Auf diese Weise wird die Einheit der Ortskirche bewahrt und die Communio, die Zusammengehörigkeit der Pfarreien und religiösen Gemeinschaften unter der Leitung des Bischofs, gefördert und geschützt."[8]

2. Zur Entwicklung seit dem II. Vatikanum

Diese theologische Entwicklung kann hier nicht ausführlich dargestellt, auf sie kann nur verwiesen werden.[9] Ausgangspunkt ist die Liturgiekonstitution Sacrosanctum Concilium (SC) des Zweiten Vatikanischen Konzils mit ihrer Weisung: „Zu fördern sind eigene Wortgottesdienste an den Vorabenden der höheren Feste, an Wochentagen im Advent oder in der Quadragesima sowie an den Sonn- und Feiertagen, besonders da, wo kein Priester zur Verfügung steht; in diesem Fall soll ein Diakon oder ein anderer Beauftragter des Bischofs die Feier leiten." (SC 35,4) Der lateinische Text beginnt mit „Foveatur sacra Verbi Dei celebratio", was sich noch sinnvoller mit „Wortgottesdienstfeier" wiedergeben lässt. Die theologische Bedeutung dieser Aussage ist dabei in Verbindung mit den konziliaren Ausführungen zur Feier des Sonntags zu erschließen:

„Aus apostolischer Überlieferung, die ihren Ursprung auf den Auferstehungstag Christi zurückführt, feiert die Kirche Christi das Pascha-Mysterium jeweils am achten Tage, der deshalb mit Recht Tag des Herrn oder Herrentag genannt wird. An diesem Tag müssen die Christgläubigen zusammenkommen, um das Wort Gottes zu hören, an der Eucharistiefeier teilzunehmen und so des Leidens, der Auferstehung und der Herrlichkeit des Herrn Jesus zu gedenken und Gott dankzusagen ..."(SC 106)

Für eine Theologie von Wortgottesdienstfeiern auch an Sonntagen dort, wo eine Eucharistie nicht gefeiert werden kann, sind zwei Aussagen grundlegend: „An diesem Tag müssen die Christgläubigen zusammenkommen", wobei ausdrücklich genannt wird: „... um das Wort Gottes zu hören." Betont wird also nicht eine moralische Pflicht, irgendwo an einer Messe teilzunehmen, sondern die Grundbewegung christlicher Gemeinde, sich um den im Wort der Heiligen Schrift und im Sakrament gegenwärtigen Herrn – so beschreiben es SC 7 sowie die Nr. 7 der Allgemeinen Einführung in das Römische Messbuch (AEM)[10] – zu versammeln.

Ein weiterer wesentlicher Schritt auf dem Weg zu eigenständigen Wort-Gottes-Feiern unter der Leitung von Laien ist der Beschluss „Gottesdienst" der Gemeinsamen Synode der Bistümer in der Bundesrepublik Deutschland,[11] die von 1971 bis 1975 die Konzilsdokumente in die Verhältnisse der deutschen Kirche umsetzen wollte. In einer kurz gefassten Theologie des Sonntags und der Liturgie wird das Wesentliche des christlichen Gottesdienstes – ganz unabhängig von der Frage, ob Wortgottes- oder Eucharistiefeier – zum Ausdruck gebracht. Die Versammlung am Herrentag ist ein so hohes Gut, dass sie auch dann unabdingbar ist, wenn keine Eucharistiefeier möglich ist: „Damit ist in dieser Situation der Sinn der Sonntagspflicht erfüllt."[12] Allerdings wird zugleich eine Kommunionfeier für sinnvoll erachtet.

Dies führt in Verbindung mit den seit 1965 in der DDR verbreiteten Stationsgottesdiensten mit Kommunionspendung[13] im „Gotteslob" von 1975, dem Gebet- und Gesangbuch des deutschen Sprachgebiets mit Ausnahme der Schweiz,[14] zu einer „Kommunionfeier", die mit der programmatischen Aussage beginnt: „Die christliche Gemeinde lebt von der sonntäglichen Versammlung. Wenn in dieser nicht die Eucharistie gefeiert werden kann, soll eine Kommunionfeier gehalten werden" (Nr. 370). Damit wird eine Praxis geschaffen, die bis heute die theologische Eigenständigkeit von Wort-Gottes-Feiern bei vielen Gläubigen und Gemeinden als weniger bedeutsam erscheinen lässt, weil stattdessen eine Kommunionfeier bevorzugt wird.[15]

Auch das katholische Kirchenrecht, der Codex Iuris Canonici von 1983, berücksichtigt das Problem priesterloser Gottesdienste: „Wenn wegen Fehlens eines geistlichen Amtsträgers oder aus einem anderen schwerwiegenden Grund die Teilnahme an einer Eucharistiefeier unmöglich ist, wird sehr empfohlen, dass die Gläubigen an einem Wortgottesdienst (lat.: liturgia Verbi) teilnehmen, wenn ein solcher in der Pfarrkirche oder an einem anderen heiligen Ort gemäß den Vorschriften des Diözesanbischofs gefeiert wird, oder dass sie sich eine entsprechende Zeit lang dem persönlichen Gebet oder dem Gebet in der Familie oder gegebenenfalls in Familienkreisen widmen."[16] Dieser Text wird übrigens vom Katechismus der Katholischen Kirche 1993 wörtlich übernommen.[17] So begrüßenswert auch in Ermangelung einer Sonntagseucharistie die dringende Empfehlung eines Wortgottesdienstes ist, womit das Gemeinde- und Gemeinschaftsprinzip gestärkt wird, gibt das schlichte „oder" die Abstufung zwischen Liturgie und privatem Gebet nicht angemessen wieder. Die Beschreibung ist liturgietheologisch unbefriedigend: „Auf der einen Seite steht hier die liturgische Feier, in der eine Gemeinde unter Leitung einer/eines vom Bischof Beauftragten an einem besonderen Ort und in approbierten Formen die Kirche darstellt, auf der anderen Seite eine privat entstandene Initiative ‚von unten', wo Menschen ‚eine Zeit lang' (irgendetwas) beten ... Theologisch ist die erste Versammlung wegen der Erfüllung bestimmter objektiver Kriterien Verwirklichung von Kirche, die zweite privates Tun einzelner Kirchenglieder."[18]

Erst die Empfehlungen der deutschen Bischöfe von 1983[19] versuchen die weithin übliche Verbindung mit einer Kommunionfeier zu stoppen, wenn aus pastoralen Gründen auch nicht ganz darauf verzichtet werden könne. Doch sollte – so die Bischöfe – dabei die große Gefahr bedacht werden, dass damit das Verständnis von eucharistischem Hochgebet und Kommunion verloren zu gehen drohe.

1988 gibt die römische Kongregation für den Gottesdienst das Direktorium „Sonntäglicher Gemeindegottesdienst ohne Priester“ heraus,[20] das die Verbindung von Wortgottesdienst und Kommunionfeier zwar nicht als Ideal darstellt, aber doch als Normalform betrachtet. Dieses römische Dokument bleibt damit theologisch hinter dem Stand des Kirchenrechts wie vor allem der Empfehlungen der deutschen Bischöfe hinsichtlich der Bedeutung eigenständiger Wort-Gottes-Feiern deutlich zurück.

3. Theologische Aspekte von Wort-Gottes-Feiern

3.1 Die Wort-Gottes-Feier ist Liturgie der Kirche

Was die Gemeinsame Synode 1975 zur Bedeutung der Liturgie für die Kirche sagt, trifft voll und ganz auch auf jede Wort-Gottes-Feier zu: „Seit der Auferstehung Jesu Christi versammeln sich Menschen im Namen Jesu, des Herrn, um Gott zu danken und seiner großen Taten für das Heil aller Menschen zu gedenken, um sich zu stärken im Bekenntnis des gemeinsamen Glaubens und um ihr Leben auf das verheißene Reich Gottes auszurichten. In ihrem Gottesdienst bewahrt und bezeugt die Kirche die Fülle ihres Glaubens. Im Laufe der Geschichte hat die Kirche immer wieder staunend und dankbar neue, sich ergänzende Aspekte ihres liturgischen Handelns wahrgenommen oder wiederentdeckt – in der Feier der Eucharistie, der anderen Sakramente und aller übrigen Arten gottesdienstlicher Versammlung. Dabei ist sie sich bewusst, dass der Sinn der gottesdienstlichen Feier und des liturgischen Geschehens nur von dem ganz verstanden werden kann, der den christlichen Glauben teilt. Nach der Überzeugung der Christen unterscheidet sich die gottesdienstliche Versammlung wesentlich von anderen Zusammenkünften und kirchlichen Veranstaltungen. Denn in der liturgischen Versammlung wird ‚die Gegenwart des Herrn‘ gefeiert: Er – der Herr der Kirche – ruft sein Volk zusammen, damit es seine Worte und Weisungen hört; er schenkt sich in mannigfachen Zeichen; er gibt uns die Kraft zur Antwort und lässt uns annehmen, was er gewährt. Er stärkt den Glauben seiner Gemeinde und eint sie in seiner Liebe. – Liturgie gründet darauf, dass Gott selbst der Handelnde ist. Gottesdienst bedeutet nicht, dass Menschen über Gott verfügen wollen, sondern dass sie sich ihm zur Verfügung stellen. Im Zentrum des Gottesdienstes steht nicht unsere Aktivität, sondern Gottes befreiende Tat, die in und durch Jesus Christus gegenwärtig wird. Deshalb verstehen Christen ihre gottesdienstliche Versammlung – auch bei schlichten äußeren Formen – als Feier. Gottes Einsatz für den Menschen macht ihr Mühen keineswegs überflüssig, übersteigt es aber in einer Weise, die sich nur ahnen lässt. Sie feiern nicht ihre Taten, sondern sein Erbarmen. Sie sind überzeugt, dass Gott in Jesus Christus das Entscheidende getan hat. Erlösung erwarten sie nicht durch ihre eigenen Leistungen, sondern durch ihn, der gerettet hat und rettet. Darum kommen die Christen zusammen, um in den wechselnden Situationen des Lebens diese Botschaft immer besser zu begreifen und von ihr durch den Geist Jesu Christ ergriffen zu werden. Sie versammeln sich, um ihre Dankbarkeit gemeinsam auszudrücken, aber auch ihre Schuld und ihr Versagen zu bekennen. Sie können nicht aufhören, von ihrer Hoffnung zu singen und zu träumen, und sehen darin einen unersetzlichen Dienst an der Menschheit. Sie feiern nicht, um dem Alltag zu entfliehen, sondern um ihn in der Kraft Gottes zu bestehen im Dienst am Nächsten. Durch ihre gottesdienstlichen Feiern und durch das, was darin geschieht, bekennen sie ihren Glauben, der sich vollendet, wenn er in der Liebe wirksam wird."[21]

3.2 Die ekklesiologische Dimension der Wort-Gottes-Feier

Auch für Wort-Gottes-Feiern trifft die Konzilsaussage zu, wonach „die Liturgie der Höhepunkt (ist), dem das Tun der Kirche zustrebt, und zugleich die Quelle, aus der all ihre Kraft strömt" (SC 10). Und das gilt auch angesichts der Aussage des II. Vatikanums in der Konstitution über die Kirche, Lumen Gentium, wonach die Eucharistiefeier in besonderer Weise „Quelle und Höhepunkt des ganzen Lebens" (LG 11) ist, in der „das Wirken Gottes seinen Höhepunkt" findet.[22]

Damit ist die ekklesiologische Dimension der Liturgie angesprochen, die eben auch dort Gestalt gewinnt, wo Gottes Wort verkündet, bedacht und in Gebet wie Tun beantwortet wird. Unmittelbar nach dem Konzil schreibt der Dogmatiker und Bischof von Mainz, Hermann Volk: „Wo die Kirche ist, da ist in der verschiedensten Weise Verkündigung des Wortes Gottes; echte Verkündigung des Wortes Gottes hat immer auch ekklesiologischen Gehalt."[23] Diese bis dahin kaum im Blick befindliche ekklesiologische Dimension des Wortes Gottes bestätigt die Pastorale Einführung in das Messlektionar von 1981 (PEML): „Durch das Hören des Wortes baut sich die Kirche auf und wächst. Die wunderbaren Taten, die Gott einst auf vielfältige Weise in der Heilsgeschichte gewirkt hat, werden unter den Zeichen gottesdienstlichen Feierns geheimnisvoll, aber wirklich gegenwärtig ... Sooft also der Heilige Geist die Kirche zum Gottesdienst versammelt, verkündet sie laut das Wort Gottes und erkennt sich selbst als das neue Volk, in dem der einst geschlossene Bund zur letzten Vollendung kommt."[24]
Wenn sich heute „viele Gemeinden nicht mehr regelmäßig um den Tisch des Wortes und des Brotes versammeln können, gewinnt die ekklesiologische Dimension des Wortes Gottes an Aktualität und Brisanz. Wenn schon mangels Priestern in vielen kleinen Gemeinden am Tag des Herrn der Tisch des eucharistischen Brotes nicht mehr gedeckt werden kann, ... dann muss wenigstens der Tisch des Wortes bereitet werden, damit die (Orts-)Kirche wahrhaft Kirche sein und bleiben kann."[25] Hier kann nicht näher erörtert werden, was heute unter Gemeinde verstanden werden muss. Sicher darf aber festgehalten werden: „Gemeinde Jesu Christi entsteht aktuell immer dort, wo sich glaubende und getaufte Menschen als Teil der Kirche zur Feier von Gottes Gegenwart versammeln, ihnen gilt die Verheißung des Herrn, dass er in ihrer Mitte sein werde. Selbstverständlich ist es wünschenswert, dass eine Gottesdienstgemeinde (und ihre Leiterin/ihr Leiter) auch Glauben und Leben im Alltag miteinander teilt, strikte Bedingung für die Feier des Gottesdienstes ist es aber nicht."[26]

3.3 Die Wort-Gottes-Feier als Dialog zwischen Gott und Mensch

„Gott richtet sein Wort an den Menschen und der Mensch gibt darauf seine Antwort. So ist Gottesdienst immer ein dialogisches Geschehen zwischen Gott und Menschen im Tun und in Worten, im Sprechen, Hören und Antworten.“[27] Die Einführung in das Messlektionar bietet eine umfassende Wort-Gottes-Theologie, die nicht nur für den Wortgottesdienst der Messfeier, sondern ebenso auf eigenständige Wort-Gottes-Feiern zutrifft. Auch hier wird das dialogische Prinzip herausgestellt: „Wenn Gott sein Wort mitteilt, erwartet er also immer Antwort, nämlich das Hören und die Anbetung, ‚im Geist und in der Wahrheit‘ (Joh 4,23). Der Heilige Geist macht diese Antwort lebendig, so dass sich im Leben entfaltet, was in der Liturgie gehört wird entsprechend der Mahnung: ‚Hört das Wort nicht nur an, sondern handelt danach‘ (Jak 1,22).“[28] Dieser Dialog darf sich also nicht nur auf den Gottesdienst selbst beschränken, sondern die Antwort der Teilnehmenden muss sich auch in ihrem Leben, also in Liturgie und Diakonie, verwirklichen.[29]
Die Tagzeitenliturgie, die vom Anfang der Kirche an ein vor allem im täglichen Morgen- und Abendlob gefeierter eigenständiger Wortgottesdienst war und ist – von unseren Gemeinden aber weithin immer noch entdeckt werden muss[30] –, entspricht in besonderer Weise diesem Dialog zwischen Gott und Menschen. In den ersten Jahrhunderten, als es im Westen – so wie bis heute in den Kirchen des Ostens – noch keine tägliche Feier des Herrenmahles gab, war diese Stundenliturgie die tägliche und zumeist einzige Feier des Gottesdienstes. In ihr vollziehen sich „die Heiligung des Menschen und die Verherrlichung Gottes ... gleichsam als Austausch oder Zwiegespräch zwischen Gott und den Menschen: ‚Gott spricht zu seinem Volk ... und das Volk antwortet mit Gesang und Gebet‘.“[31]

3.4 Die Gegenwart des Herrn in der Wort-Gottes-Feier

In jeder Liturgie wird das Mysterium Gottes gefeiert, das Christus selber ist (vgl. Kol 2,2). Nach seinem Wort „Wo zwei oder drei in meinem

Namen versammelt sind, da bin ich mitten unter ihnen" (Mt 18,20) „ist Christus wirklich gegenwärtig in der Gemeinde, die sich in seinem Namen versammelt, in der Person des Amtsträgers, in seinem Wort sowie"[32] – wenn es sich um eine Messfeier handelt – auch „unter den eucharistischen Gestalten", darin dann „wesenhaft und fortdauernd".[33] Die Gegenwartsweise Christi im verkündeten Wort der Schrift ist nicht ein Weniger als unter den eucharistischen Gestalten, sondern ein Anderes. Die verschiedenen Gegenwartsweisen dürfen nicht gegeneinander ausgespielt werden. So wird seine Gegenwart in der Eucharistie in der Enzyklika Papst Pauls VI. Mysterium fidei von 1965 „‚wirklich' (real) genannt, nicht im ausschließenden Sinn, als ob die anderen (Gegenwartsweisen) nicht ‚wirklich' wären, sondern in einem hervorhebenden Sinn ..."[34] Und entsprechend heißt es in der Einführung in das Messlektionar: „Christus selbst ist ja stets gegenwärtig und wirkt, wo immer die Kirche sein Wort verkündet."[35]
Wort-Gottes-Feiern sind also wahrhafte und wirkliche Begegnungen mit dem Auferstandenen, Feiern des Mysteriums Jesu Christi.
So sind Wortgottesdienstfeiern im Vollsinn des Wortes Liturgie der Kirche, die im deutschen Sprachgebiet sogar nach eigenen, von den Bischöfen autorisierten liturgischen Büchern[36] selbst an Sonntagen dort gehalten werden dürfen und sollen, wo eine Eucharistie nicht gefeiert werden kann. In ihnen steht das Wort Gottes „im Mittelpunkt; alles dreht sich um dieses Wort. Dieses Wort bringt Freude, es tröstet und befreit. Das Zusammenspiel von Wort, Gebet und Gesang lässt immer neu eine Gemeinschaft erleben, in der das Reich Gottes aufscheint. Diese Erfahrung hilft zum Bestehen in einer Welt, in der weithin Macht und Gewalt herrschen, und zum Bewältigen eines Lebens, das von Leid und Schmerz nicht verschont bleibt. Aus Zuhörenden wird eine Heilsgemeinschaft derer, die sich vom Wort Gottes ergreifen lassen und aus seiner Kraft leben."[37]

Thomas Söding

„Nahe ist dir das Wort, in deinem Mund, in deinem Herz“ (Dtn 30,14 – Röm 10,8)
Verkündigen durch Lesen – Glauben durch Hören

1. Lebendiges Wort

Im ältesten erhaltenen Brief des Apostels Paulus, der frühesten Schrift des Neuen Testaments, findet sich zum Schluss eine Mahnung, die in keiner Perikopenordnung für die sonntägliche Lesung vorgesehen ist und doch den ersten sichtbaren Anstoß gibt, dass überhaupt Apostelbriefe im Gottesdienst verlesen werden: „Ich beschwöre euch beim Herrn, diesen Brief allen Brüdern vorzulesen“ (1 Thess 5,27). Wen Paulus anredet, sagt er nicht; offenbar ist allen Beteiligten klar, wer gemeint ist: Paulus muss vor Ort Vertrauensleute haben, die nicht nur des Lesens kundig sind, sondern vermutlich auch Verantwortung in der Gemeinde übernehmen. Sie empfangen den Brief, der an die ganze Ortskirche gerichtet ist (1 Thess 1,1), und lesen ihn der Gemeinde während ihrer Versammlung vor. Das war kein Einzelfall; Paulus beginnt eine Tradition (vgl. Kol 4,16), die bis heute andauert. In den Pastoralbriefen wird Timotheus, der sich auf seine Rolle als Nachfolger des Apostels vorbereiten soll, ermahnt: „Sei eifrig im Lesen, im Trösten, im Lehren“ (1 Tim 4,13). Dem Brief steht nicht nur das Ideal eines gebildeten Bischofs, eines schriftkundigen Gemeindeleiters vor Augen, sondern konkret der Gemeindegottesdienst mit dem Vorlesen der Heiligen Schrift (vielleicht schon einschließlich der Evangelien und der Paulusbriefe), wahrscheinlich auch einer anschließenden Predigt, die auf offene Ohren stoßen soll. Auf dieser Linie konzentriert der Seher Johannes die Kultur des liturgischen Lesens und Hörens in dem Makarismus: „Selig, wer liest und die Worte der Prophetie hört und hält, was sie besagen“ (Offb 1,3).

Diese neutestamentliche Bedeutung des verkündigenden Lesens und gläubigen Hörens wurzelt im Alten Testament. Beim Hauptgebot Israels, dem Bekenntnis zum einen Gott, geht es ums Hören: „Höre, Israel, der Herr, dein Gott, ist einer“ (Dtn 6,4). In den Rahmenversen wird das Schreiben und Lesen, das Wiederholen, Fragen und Antworten als Mnemotechnik eingeschärft, die das Gebot verinnerlichen soll. Als sich das Volk Israel nach der Rückkehr aus dem Exil aus mühsamen Anfängen wieder erhebt und den Blick in die Zukunft richtet, sind es beim Laubhüttenfest die öffentliche Verlesung und Ausdeutung des Gesetzes durch Esra und die Leviten, die das Gottesvolk sammeln und aufs Wesentliche konzentrieren (Neh 8).

2. Lesen und Schreiben – Reden und Hören

Die Spannung zwischen dem (lauten) Lesen und dem (aktiven) Hören ist kennzeichnend für die biblische Theologie des Wortes. Mose und die Propheten, Jesus, Petrus und Paulus setzen auf die Macht des Wortes. Dieses Wort ist lebendig, wenn es von Mund zu Mund weitergegeben, von Angesicht zu Angesicht gesagt, von Herz zu Herz verstanden wird. In diesem Sinn sprechen Mose (Dtn 30,14) und Paulus (Röm 10,18) von der persönlichen Nähe des Wortes im Mund, da es gesagt, und im Herz, da es bewegt, verinnerlicht und verstanden wird. Mose spricht vom Gesetz, das den Menschen nicht überfordert, sondern von ihm verinnerlicht werden soll (Dtn 30,11): „Es geht nicht über deine Kraft, es steht dir nicht fern.“ Paulus spricht vom Evangelium Jesu Christi, das geglaubt sein will: „Dies ist das Wort des Glaubens, das wir verkünden“ (Röm 10,8).

Damit dieses Wort auf Dauer zuverlässig verkündet werden kann, bedarf es der Schriftform.[1] Das hat Israel früh entdeckt, für die Urkirche ist es selbstverständlich. Die Kultur des Schreibens ist in Israel hoch entwickelt; die Sorgfalt, Texte zu schreiben und ihren Wortlaut nicht zu verändern, wird mit größtem Nachdruck eingeschärft. Mose wird nach Ex 34,27 von Gott aufgefordert: „Schreib diese Worte auf. Denn aufgrund dieser Worte schließe ich mit dir und mit Israel einen Bund.“

Mose selbst fordert das Volk auf: „Das ganze Wort, das ich euch gebiete, bewahrt, es zu tun; fügt nichts hinzu, nehmt nichts hinweg“ (Dtn 13,1; vgl. 4,2).[2] Die Johannesoffenbarung wird noch drastischer, der Seher bezeugt jedem Leser und Hörer: „Wer etwas hinzufügt, dem wird Gott die Plagen hinzufügen, die in diesem Buch geschrieben sind; wer etwas weglässt von den prophetischen Worten dieses Buches, dem wird Gott seinen Anteil am Baum des Lebens und an der heiligen Stadt wegnehmen, von denen in diesem Buch geschrieben steht“ (Offb 22,18f.).
Freilich stehen nur tote Buchstaben auf dem Papier; sie leben nicht auf, wenn sie nicht gelesen werden, laut und leise, öffentlich und privat, in der Kirche und zu Hause. Gerade auf diese Korrelation kommt es an. Das geschriebene Wort bezeugt die Zuverlässigkeit der Überlieferung; es muss aber, so wie geschrieben, auch gesprochen werden, damit im Lesen und Hören Gemeinschaft am Wort sich bilden kann. Die Art des Lesens muss dem Text entsprechen; die biblischen Texte sind aufs Vorlesen hin und zum Zuhören geschrieben.

3. Gottes Wort im Menschenwort

„Wort des lebendigen Gottes“, soll die Lektorin oder der Lektor nach der Lesung sagen.[3] So werden die Texte aus der Heiligen Schrift deutlich markiert und von allen anderen Texten unterschieden, die im Gottesdienst vorgelesen werden. Aber nicht selten gibt es Zweifel am Sinn dieser liturgischen Wendung, nicht nur, wenn am „Fest der Heiligen Familie“ wieder einmal die Frau zur Unterordnung aufgerufen worden ist (Kol 3,12–21). Ist es nicht purer Fundamentalismus, als „Wort Gottes“ zu deklarieren, was aus dem Alten und dem Neuen Testament vorgelesen wird?
Die Frage lässt sich beantworten, wenn das biblische Verständnis des Wortes Gottes in Rechnung gestellt wird. Im ersten Thessalonicherbrief baut Paulus eine große Spannung auf. (1 Thess 2,7b-9.13 ist im Lesejahr A für den 31. Sonntag im Jahreskreis vorgesehen.) Einerseits versichert er der Gemeinde: „Solche Sehnsucht hatten wir nach euch, dass wir es gut fanden, euch nicht nur am Evangelium Gottes Anteil zu

geben, sondern an unserem eigenen Leben – so lieb wart ihr uns geworden“ (1 Thess 2,8). Der Brief ist selbst ein Zeichen dieser Anteilnahme. Er ist mit Herzblut geschrieben, und er ist Verkündigung des Evangeliums, die den Glauben stärkt (1 Thess 4,13). Andererseits schreibt er der Gemeinde: „Wir danken Gott unablässig, dass ihr das Wort Gottes, das ihr von uns empfangen habt, nicht als Menschenwort angenommen habt, sondern als das, was es wahrhaftig ist: das Wort Gottes, der in euch, den Gläubigen, wirksam ist“ (1 Thess 2,13). Beide Sätze aus dem Thessalonicherbrief stehen nicht im Widerspruch, sondern erhellen einander. Das Evangelium, das Paulus verkündet, ist nicht seine Erfindung; er hat es gehört, erfahren, geglaubt; es ist ihm geschenkt und anvertraut worden, damit er es verkündet (Gal 1,15f.). Es ist das Evangelium Gottes, sonst wäre es leeres Gerede. Aber den Brief an die Thessalonicher hat Paulus doch ganz persönlich, zusammen mit Silvanus und Timotheus (1 Thess 1,1), geschrieben (oder diktiert und von einem Schreiber ausfertigen lassen; vgl. Röm 16,22). Der Brief ist nicht identisch mit dem lebendigen Wort Gottes, sondern ein schriftliches Zeugnis dieses Wortes. Aber Gottes Wort ertönt nicht aus dem metaphysischen „Off“; Gott artikuliert sich durch Menschen, auf menschliche Weise. Augustinus hat das sehr gut verstanden: „Gott spricht durch Menschen nach Menschenart, weil er, so redend, uns sucht“ (De Civitate Dei [Über das Reich Gottes] XVII 6,2). Dass Gott sich der Menschen bedient, um sich mitzuteilen, ist kein Notbehelf; nur auf menschliche Weise kann er die Menschen erreichen, die darauf angewiesen sind, dass er ihnen sein Wort sagt.

4. Geist im Buchstaben

Das Wort der Heiligen Schrift lässt sich nicht aufteilen: Es ist nicht teils Menschenwort und teils Gotteswort. Es ist ganz das Wort von Menschen und ganz das Wort Gottes. Die wesentliche Verbindung zwischen beidem soll die wichtige, wenngleich oft missverstandene Rede von der Inspiration der Heiligen Schrift[4] deuten. Sie ist in der Bibel selbst angelegt. Nach Mk 12,25 sagt Jesus, Ps 110 zitierend, David (der überlieferte

Autor) habe „im Heiligen Geist gesprochen". Die Pointe der biblischen Inspirationstheologie ist nicht, dass die menschlichen Verfasser nach göttlichem Diktat geschrieben hätten, sondern dass es begnadete Menschen gibt, die einen besonderen Draht zu Gott haben, und dass Gott seinen Geist so wirken lässt, dass Menschen von ihm ergriffen werden, authentisch von Gott zu sprechen – und in dem, was andere Menschen ihnen sagen, die Stimme Gottes herauszuhören.

Aber das Geschriebene verweist auf das lebendige Wort Gottes. Den Unterschied markiert Paulus, wenn er auf die Frohe Botschaft einerseits, auf sein gesamtes apostolisches Wirken andererseits schaut: „Wir haben diesen Schatz in irdenen Gefäßen" (2 Kor 4,7). Wenn dies für die kraftvolle Verkündigungsarbeit des Apostels gilt – um wieviel mehr für seine Briefe und die Schriften, die in der Bibel gesammelt sind. Papier ist geduldig; Missbrauch und Missdeutungen gibt es noch und noch. Aber es gehört zur Menschlichkeit der göttlichen Offenbarung, diesen Weg zu gehen, weil jeder Mensch zum Glauben eingeladen, keiner aber zum Glauben gezwungen wird.

Deshalb sagt die biblische Inspirationslehre, dass derselbe Geist, der die Heilige Schrift hervorgebracht hat, indem er Menschen dazu befähigte, Gottes Wort zu bezeugen, auch so wirkt, dass er das Verstehen schenkt. Nicht nur inspirierte Schreiber und Texte, auch inspirierte Leser bringt er hervor.[5] Sie erkennen, welche Texte sie vor sich haben: dass sie im Lesen und Hören vor die Wahrheit ihres Lebens gestellt werden, weil ihnen – mit menschlichen Worten – Gott so vor Augen gestellt und zu Gehör gebracht wird, wie er wirklich ist.

„Der Buchstabe tötet, der Geist macht lebendig", schreibt Paulus (2 Kor 3,6). Manche beziehen diesen Satz auf das (alttestamentliche) Gesetz und das (neutestamentliche) Evangelium. Paulus aber spricht davon, dass es sklavische Buchstabentreue gibt, gerade im Umgang mit heiligen Texten – so wie der Geist, der befreit, nicht ins Vage führt, sondern zum Verstehen der Wahrheit, die aus der Heiligen Schrift herauszulesen ist.

5. Wahre Worte

Die Bibel trägt die Spuren ihrer Entstehungszeit an sich, nicht nur in Urteilen über Beziehungen zwischen Mann und Frau, die nicht mehr an der Zeit sind. Dennoch ist die Bibel im Gottesdienst nicht durch ein anderes, neueres, moderneres Text-Buch zu ersetzen. Denn erstens gibt es keines von auch nur annähernd gleicher spiritueller, sprachlicher, religiöser Intensität; wer es nicht glaubt, kann sich von modernen Autoren wie Peter Handke oder Patrick Roth, Ulla Hahn oder Monika Maron, Vaclav Havel oder Nadine Gordimer die Augen öffnen lassen.[6] Zweitens befriedigt die Gemeinde im Gottesdienst nicht ihre Bedürfnisse nach Aktualität und unmittelbarer Verständlichkeit, sondern feiert die Geheimnisse des Glaubens, die in der Geschichte Israels, Jesu und der Urkirche verwurzelt und in der Heiligen Schrift beschrieben sind.[7]
Das Zweite Vatikanische Konzil hat sich auf die Frage nicht eingelassen, welche Seiten der Bibel wahr und welche fehlerhaft, welche gültig und welche inzwischen ungültig sind. Ein zerfleddertes Exemplar wäre die Folge gewesen. Dass es in der Bibel nicht nur Zeitbedingtes, sondern sachliche Fehler gibt, lässt sich nicht leugnen; es gehört im Sinne des Paulus zur Zerbrechlichkeit der Gefäße, in denen der Schatz des Wortes Gottes aufbewahrt ist. Das Zweite Vatikanische Konzil hat stattdessen den biblischen Begriff der Wahrheit ins Spiel gebracht: Die Bibel legt im Ganzen – von Adam bis Christus, vom Paradies bis zum himmlischen Jerusalem – davon Zeugnis ab, dass Gott Liebe ist (vgl. 1 Joh 4,8.16), Aber diese Liebe ist heiß, sie ist voller Leidenschaft; sie macht nicht blind vor dem Hass, der das Antlitz der Erde verunstaltet. Von dieser Liebe sagt Paulus: „Alles trägt sie, alles glaubt sie, alles hofft sie, allem hält sie stand“ (1 Kor 13,7). Deshalb sind in die eine Liebesgeschichte Gottes zu den Menschen, die in der Bibel erzählt wird, die vielen Geschichten von Liebe, Hass und Gleichgültigkeit, von Treue und Verrat, Schuld und Sühne, Scheitern und Gelingen, Glaube und Zweifel, Skepsis und Hoffnung, Bitte und Klage, Lob und Dank eingeschrieben, die das Buch der Bücher so vielseitig, tiefgründig – und anstößig machen, dass immer neues Lesen sich lohnt.
Die Lesungen an den Sonn- und Werktagen bilden immer nur kleine

Ausschnitte. Keine Lesung sagt die ganze Wahrheit, aber jede sagt ganz die Wahrheit, weil sie – zeitbedingter – Ausdruck eines Glaubens ist, der alle Zeiten überdauert: „Himmel und Erde werden vergehen, aber meine Worte werden nicht vergehen" (Mk 13,31), so überliefert es die Bibel im Markusevangelium als Wort Jesu. Jede Bibel wird vergilben; ihre Botschaft strahlt in Ewigkeit.

6. Lesen als Verkündigen

Wer die Bibel im Gottesdienst vorliest, steht in der Nachfolge Jesu. Denn von Jesus selbst wird berichtet, dass er aus der Bibel vorgelesen habe. Von seinem Antrittsbesuch in Nazareth, seiner Heimatstadt, erzählt Lukas, dass er am Sabbat in der Synagoge aus dem Buch des Propheten Jesaja (61,1f.) die Stelle vom Gesalbten vorgetragen habe, der kraft des Geistes in Wort und Tat den Armen das Evangelium verkündet (Lk 4,16-19). Die Auslegung ist dann ganz kurz: „Heute hat sich diese Schrift in euren Ohren erfüllt" (Lk 4,21). Entscheidend ist das Vorlesen. Jesus verkündet sein ureigenes Evangelium, indem er aus der Heiligen Schrift vorliest.

„Was früher geschrieben wurde, ist uns zur Lehre geschrieben, damit wir durch die Geduld und durch den Trost der Schrift Hoffnung haben" (Röm 15,4), schreibt Paulus. Geduld braucht es, weil richtiges Lesen Zeit kostet. Langsames, genaues, wiederholtes Lesen ist der Schlüssel zum Verstehen. Trost spendet es, weil die Heilige Schrift sensibel macht gegenüber Leid und Unrecht, aber auch Hoffnung macht, dass die Liebe stärker ist als der Tod; denn sie redet vom lebendigen Gott. Indem dies vorgetragen wird, entfaltet das geschriebene Wort die Wirkung, deretwegen es in der Bibel geschieht. Das Lesen der Heiligen Schrift im Gottesdienst ist Verkündigung des Wortes Gottes, nicht erst die Predigt (die mal gut, mal schlecht ausfallen kann). In der Verkündigung ist Gottes Wort gegenwärtig: in Gestalt des menschlichen Bibelwortes, das von einem Menschen vorgelesen wird.

In der Antike wurde – fast immer – laut gelesen.[8] Den Texten des Alten und des Neuen Testaments kann man vielfach anmerken, dass sie laut diktiert und laut gelesen, laut gebetet, laut memoriert worden sind (vgl. Ps 1). Die Bibel will im stillen Kämmerlein gelesen werden, aber auch in der Öffentlichkeit der Kirche. (Wenn heute die Medien die Möglichkeit eröffnen, weitere Foren zu erschließen – desto besser.) Die Johannesoffenbarung kämpft für diese Öffentlichkeit.[9] Frei aus der Heiligen Schrift vorzulesen – das ist für viele Kirchen, die verfolgt werden, ein Traum. Umso wichtiger, dass es dort, wo die Möglichkeit besteht, nicht als Selbstverständlichkeit genommen, sondern verantwortungsvoll als Chance zur Verkündigung genutzt wird. Die Kirche ist der gegebene Ort dieser Verkündigung, weil die Bibel ein Buch der Kirche ist; im Schoß des Gottesvolkes entstanden, soll es die Kirche an ihren Ursprung und ihre Sendung erinnern.[10]

7. Hören als gläubiges Verstehen

Was durch Vorlesen verkündigt werden soll, soll durch Hören zum Glauben führen. „Der Glaube kommt vom Hören", lässt sich eine paulinische Einsicht frei übersetzen (Röm 10,17). Ein Glaube, der auf Selbstgesprächen basierte, wäre Aberglaube. Echter Glaube lebt von der Aufmerksamkeit für das, was Gott sagt – durch andere Menschen, durch eine innere Stimme, durch eine äußere Herausforderung, entscheidend: durch das verkündete Evangelium. Solch hörender Glaube – begierig, mehr zu erfahren; neugierig, mehr zu hören; konzentriert, mehr zu verstehen – gehört zum echten Menschsein. Oder hätte Jesus sich getäuscht, als er mit einem Wort des Mose die erste Versuchung des Teufels zurückwies? „Der Mensch lebt nicht vom Brot allein, sondern von jedem Wort, das aus dem Munde Gottes stammt" (Mt 4,4 – Dtn 8,3). Aber nicht jedes Hören führt zum Glauben. Jesus hat diesem Problem ein eigenes Gleichnis gewidmet: das vom Sämann, der seinen Samen ausstreut und zunächst nur Misserfolge konstatieren kann, bis er am Ende doch eine überreiche Ernte einfahren kann (Mk 4,3-9). Die Auslegung, die dem angeschlossen ist, nennt Gründe, weshalb der Same einer noch so guten Verkündigung keine Wurzeln schlägt: Es gibt die Macht des Bösen, den „Satan", der das Wort den Hörern entreißt (Mk

4,15). Es gibt die Unsicheren, Unbeständigen, die zwar gute Vorsätze machen, aber nicht die Kraft aufbringen, sie, wenn es schwer wird, umzusetzen (Mk 4,16f.). Es gibt auch die Hörer, bei denen sich „die Sorgen der Welt", der Reiz des Geldes und die Gier, alle Bedürfnisse zu befriedigen, so breitmachen, dass für das Wort Gottes kein Platz mehr ist (Mk 4,18f.). Richtig ernst wird diese Analyse, wenn die Jünger, denen Jesus sie erklärt, erkennen, dass er nicht über andere, sondern auch über sie selbst redet – und dass er ihnen die Augen nicht öffnet, damit sie schärfer verurteilen, sondern tiefer glauben, dass am Ende doch der Same des Wortes Gottes dreißig-, sechzig-, hundertfache Frucht tragen wird (Mk 4,20).

Hören und Verstehen sind dialektisch miteinander verbunden. „Hören sollen sie, doch nicht verstehen", so schockierend deutet Jesus nach Mk 4,12 mit Worten Jesajas (6,9) den Sinn seiner Gleichnisse. Die „Tauben macht er hören" (Mk 7,31-37); aber diejenigen, die ein offenes Ohr haben, werden durch Gottes Wort in die Krise ihres Lebens geführt, ohne die es keine Heilung gibt. Hören, das zum Verstehen führt, muss in die Tiefe gehen. Die akustische Wahrnehmung ist nur der erste Schritt auf einem langen Weg, das Wort ernstzunehmen, in sich aufzunehmen, aus ihm zu leben. Dieses gläubige Verstehen kann niemand vorprogrammieren. Ein noch so gut vorgelesener Text – er kann zum einen Ohr hinein- und zum anderen wieder herausgehen. Und ein einziges, halb verstümmeltes, kaum zu hörendes Wort – wenn es ins Herz trifft, verändert es das ganze Leben. Aber wie immer es um das gläubige Hören eines einzelnen Menschen steht: „Das Wort ist Fleisch geworden und hat unter uns gewohnt und wir haben seine Herrlichkeit geschaut" (Joh 1,14).

Dorothea Sattler

Gott ist im Wort
Systematisch-theologische Aspekte

1. Erfahrungen: Wirkende Worte

1.1 In Dichtung und Liedern

Ungezählte Dichterinnen und Dichter sowie Liedermacher haben die Wirksamkeit des menschlichen Wortes bedacht. Ein tiefes Erfahrungswissen ist in diesen Gedanken versammelt: Worte können trösten und verletzen, locken und erschrecken, aufhellen und vertuschen, aufbauen und niederreißen, belehren und verwirren. Worte verwandeln die Wirklichkeit zum Guten und zum Bösen. „Wort, du hast so vielerlei Gestalt und bist so unerreichbar alt“ – so beginnt ein nachdenkliches Lied von Udo Jürgens. Er fügt hinzu: „Wort, du wirst missbraucht und kommandiert, hast ganze Völker schon verführt, denn deine Wirkung ist nicht nur im Guten groß.“
In der Dichtung liegt es nahe, die Wirkweise der Worte mit anderen, aus der Erfahrungswelt vertrauten Erlebnissen zu vergleichen. Flüchtig wie Vögel, die aufgeschreckt davonfliegen, können Worte sein. Beißenden Schmerz verursachen sie – wie eine Medizin, deren heilsame Wirkung erst in späterer Zeit ersichtlich wird. Wortgebilde in einer Rede sind wie ein Kunstwerk, dessen Schönheit sich nur im Gesamtbild erschließt. Einzelne Worte können treffen wie ein Lanzenstoß. Andere Worte bringen Licht in die durchlittene Nacht. Die Dichterin Hilde Domin[1] hat folgenden Vergleich hinterlassen:

Worte sind wie reife Granatäpfel,
sie fallen zur Erde
und öffnen sich.

Es wird alles Innre nach außen gekehrt,
die Frucht stellt ihr Geheimnis bloß
und zeigt ihren Samen,
ein neues Geheimnis.

Manchmal ist die Zeit reif für ein mutiges Wort, das bis dahin Unbekanntes offenlegt. Deutlich können Worte werden, deutlicher als manche Zeichenhandlungen, deren Sinn sich erst in der worthaften Deutung erschließt. Das eine Wort gibt das andere. Das Wort birgt den Samen des nächsten in sich. In all dem verbleibt das Geheimnis der sprechenden Personen, die trotz ihrer Gegenwart in ihren Wortweisen dem letzten Zugriff entzogen bleiben. Miteinander zu sprechen, ist ein uneinklagbares Geschenk.

1.2 In den Sprach- und Kommunikationswissenschaften

Eine der bedeutenden Entwicklungen in der Philosophie des 20. Jahrhunderts ist die gewachsene Bereitschaft, das Sprechen der Menschen zu bedenken. Sprechen ist ein Handeln. Im Wortgeschehen ereignet sich Weltgestaltung. Worte bilden eine auch ohne sie gegebene Wirklichkeit nicht bloß ab, sie verweisen nicht einfach auf eine vorhandene nichtsprachliche Welt. Durch das Wort geschieht Neues: Verbindliche Vereinbarungen werden getroffen, Besitzverhältnisse verändern sich, die Bewegungsfreiheit eines Verurteilten wird begrenzt, Versammlungen werden eröffnet und Verhandlungen abgeschlossen. Worte sind daher nicht einfach wahr oder falsch, sie gelingen oder missglücken vielmehr, sie erreichen ihr Ziel oder verfehlen es.
Auf den Erfolg oder den Misserfolg der Worthandlung wirken die Sprechenden und die Hörenden ein. Nicht immer hören wir das heraus, was ein anderer sagen wollte über eine Sache, von sich selbst, über unsere Beziehung und zu seinen Erwartungen. Die Menschen hören eine Botschaft mit dieser vierfachen Aufmerksamkeit, die sich oft durch prägende Erlebnisse in der Lebensgeschichte herausgebildet hat. Manche Menschen nehmen vor allem wahr, wozu ein Gegenüber sie auffordern

könnte. Andere Menschen bedenken insbesondere die (vermeintlich) eingeschlossene Aussage über das Verhältnis der Dialogpartner zueinander. Wieder andere wollen rein sachlich bleiben. Am schwersten fällt es wohl, sich darin zu üben, die Selbstkunde eines Sprechenden sensibel aufzunehmen und aus der Sicht des anderen die Welt zu betrachten.
Es gibt ein Zusammenwirken des gesprochenen Wortes mit den nonverbalen Äußerungen in einer Begegnung. Wir nehmen ein menschliches Gegenüber in seiner Gesamtgestalt wahr: mit den Gesten zu den Worten; mit der Kleidung, die ihn umgibt; mit dem Lebensraum, in dem wir uns befinden; mit der erinnerten und erwarteten Geschichte, die uns miteinander verbindet. Die gesamte leibhaftige Existenz wird als ein Wort, eine Aussage, eine Zusage, eine Anfrage, eine Bitte, ein Versprechen erfahren. Die wenigen vernehmbaren Laute, die wir sprechen, sind nur ein kleiner Teil der Äußerung, die wir selbst mit unserer Lebensgestalt sind. Alles, was im Gegenüber begegnet, ist Rede, Kunde, Verweis, Symbol: Zusammenfall eines äußeren Zeichens und einer inneren Wirklichkeit.

1.3 In den biblischen Schriften

Die Thematik des rechten Redens und mehr noch des rechten Schweigens ist nahezu unerschöpflich in der älteren Weisheitsliteratur: „Tod und Leben stehen in der Macht der Zunge; wer sie liebevoll gebraucht, genießt ihre Frucht“ (Spr 18,21). Vor Gericht ist das Geschick eines Beschuldigten auch heute noch oft auch eine Folge der Worte, die Zeugen über ihn sprechen. „Was das Herz plant, bleibt solange im Verborgenen, bis die Zunge es öffentlich macht und Gutes und Böses, Leben und Tod daraus erwachsen“ (vgl. Sir 37,16-18). Im menschlichen Zusammenleben wandeln die Worte der einen die Wirklichkeit der anderen.
Bei der Rede von Gottes Wort (hebr. dabar, griech. logos) ist an ein wirksames Wort gedacht. Zu unterscheiden ist dabei zwischen dem schöpferisch wirksamen Wort (Ps 33; Gen 1), dem prophetischen Wort (Ez 2–3) und dem Weisungswort (Tora). Die deutlichste Rede von Got-

tes Zuversicht, sein Wort werde sich als wirksam erweisen, ist beim Propheten Jesaja überliefert: „Denn wie der Regen und der Schnee vom Himmel fällt und nicht dorthin zurückkehrt, sondern die Erde tränkt und sie zum Keimen und zum Sprossen bringt, wie er dem Sämann Samen gibt und Brot zum Essen, so ist es auch mit dem Wort, das meinen Mund verlässt: Es kehrt nicht leer zu mir zurück, sondern bewirkt, was ich will, und erreicht all das, wozu ich es ausgesandt habe“ (Jes 55,10f.).
Neben der Rede von Gottes Geist und von Gottes Weisheit ist jene von Gottes Wort eine bildhafte Aufnahme der gläubigen Erfahrung von Gottes verwandelnder Gegenwart in der Schöpfung. Gemeinsam ist der Rede von Gottes Weisheit, Wort und Geist, dass sie von Gottes Wirken in der Schöpfung sprechen, Gott als den Ursprung der vermittelten Wirksamkeit bekennen und die verkündigte Wirkung eine gute ist: Das Leben der Geschöpfe wird ermöglicht, erhalten, verwandelt, erneuert. Gott macht sich kund – stellt sich vor – als ein das Dasein der Geschöpfe wollender, sich an seinem Werk freuender Gott, der sich auch dann nicht zurückzieht, wenn seine Geschöpfe aneinander und insofern auch an ihm schuldig geworden sind. Eigen ist Wort und Weisheit, dass sie stärker eigenständig erscheinen – im Gegenüber zu Gott, während der Geist zumeist als in etwas anderem wirksam dargestellt wird. So lässt sich nachvollziehen, dass im neutestamentlichen Zeugnis die Menschengestalt des Jesus von Nazaret als Gottes Wort und Gottes Weisheit (in seiner lebensklugen Nähe zum Alltag der Menschen; durch seine besondere Achtsamkeit auf die Armen; in seiner Bereitschaft, leichte Lasten aufzulegen) verkündigt wird. Gottes Geist ist in besonderer Weise in Christus Jesus wirksam, (wie auch die Weisheit) ergreift er zudem alle Geschöpfe, belebt und verwandelt sie.

2. Grundlegung: Gottes wirkendes Wort

Von der Achtsamkeit auf die Weise, wie ein Wort wirksam wird, lässt sich die Frage unterscheiden, welcher Wortgehalt ausgesagt sein möchte. Beide Aspekte finden nach christlicher Überzeugung in Jesus zusammen: Seine Lebensexistenz ist Gestalt und Gehalt des Wortes Gottes.

2.1 Christologisch-trinitarische Besinnung

Die christliche Glaubensgemeinschaft bekennt ihr Vertrauen darauf, dass der eine Gott nicht im Verborgenen leben will, vielmehr die Entscheide seiner Liebe und darin den Sinn des Daseins des Nichtgöttlichen kundmachen wollte – durch sein letztes Wort in Jesus Christus. Gott möchte die Nacht der Fragen im Leben der Geschöpfe erhellen; er möchte Licht in das Dunkel der existenziellen Fragen, der alten Menschheitsfragen bringen: Woher kommen wir und wohin gehen wir? Wie sind wir geworden, die wir sind? Wer nimmt uns an und bejaht uns in der begegnenden Gestalt? Was bleibt von all dem, was wir in der Zeit wirken? Wandelt sich das Dasein der anderen durch unsere Existenz?

Das Wort, das im Anfang schon war, ist jenes Wort, das Gott immer schon sagen möchte. Dieses Wort Gottes, das von seinem Wesen nicht loszulösen ist, ist ein das Dasein erhellendes Wort. Es ist ein Wort der Bejahung, der Gutheißung, der Annahme, der Lossprechung von der Möglichkeit des Todes im Angesicht der Sünde. Christen bekennen gemeinsam ihr gläubiges Vertrauen, dass in der Gestalt des Menschen Jesus von Nazaret Gottes eigenes Wort ertönt. Dieses Wort ist eine Zusage Gottes, die lautet: Du, Mensch, sollst sein. Auch die anderen Geschöpfe sollen sein. Ich habe sie erschaffen. Achte auf sie und schädige niemanden. Und wisse, dass ich dich auch dann nicht fallenlasse, wenn du es tust. Vertraue darauf! In eindrücklicher Weise formuliert der Titusbrief die christliche Grundüberzeugung von der Erlösung der Schöpfung durch Gottes Handeln in Christus Jesus: „Als (...) die Güte und Menschenliebe Gottes, unseres Retters, erschien, hat er uns gerettet – nicht weil wir Werke vollbracht hätten, die uns gerecht machen können, sondern aufgrund seines Erbarmens – durch das Bad der Wiedergeburt und der Erneuerung im Heiligen Geist“ (Tit 3,4-5).[2] Der Titusbrief bindet unsere Rettung, unsere Erlösung, an das Erscheinen der Güte und Menschenliebe Gottes in Christus Jesus. In dieser Menschengestalt macht Gott selbst in Zeit und Geschichte eschatologisch endgültig, verlässlich, untrüglich und unverbrüchlich offenbar, dass seine Zuwendung nicht die Belohnung für eine menschliche Guttat ist, sondern in Gottes eigenem Wesen begründet ist. Gott bleibt seiner Schöpfung auch dann noch liebevoll zugewandt, wenn diese sich von ihm abkehrt. Das in den biblischen Texten mehrfach überlieferte innere Ringen Gottes um seine Treue in der Liebe auch zu den Sünderinnen und Sündern (vgl. bes. Hos 11,1-9; Jes 54,1-10; Jer 31,20) ist in seinem Ausgang nicht mehr ungewiss: Gott spricht sein entschiedenes Ja auch zu denen, die in der Tötung des Gottessohnes das Nein zu Gottes Liebe in tiefster Tiefe erfahren lassen. Die theologische Tradition denkt seit langem den Gedanken, dass Gott nur dann recht getan hat mit seiner Erschaffung der immer auch zur Sünde versuchten Menschheit, wenn er einen Weg weiß, diese sündige Schöpfung auch zu erlösen, sie zu vollenden. Der Weg der Erlösung ist Gottes unverbrüchliche Bundeswilligkeit, die er in der Fülle der Zeit in Christus Jesus hat erscheinen lassen, damit alle Geschöpfe Vertrauen fassen können.

2.2 *Gesamtbiblische Kontexte*

Auch in dem für die christliche Glaubensgemeinschaft bleibend gültigen Wort der Weisung, in Gottes Tora, die fordert, das Lebens- und Daseinsrecht der Mitlebenden unbedingt zu achten, geht der Indikativ der Gemeinschaftszusage Gottes, seine Selbstverpflichtung zur Bundestreue, dem Imperativ der Gebote voraus (vgl. Dtn 5,6; Ex 20,2). Gott sagt sich als der mitgehende und mitseiende Gott zu. An allen Orten und in allen Zeiten will er als Freund des Lebens erkannt sein. Alle Geschöpfe sollen leben können. Gottes Ja gilt auch den Fremden, den Unfreien, den Armen und den Schwachen. Seine Gebote schützen ihr Leben. Mit Israel halten Christen daran fest, dass Gottes Weisungswort unbedingte Gültigkeit hat, das Gesetz also nicht aufgehoben ist. Gottes Tora ist die Weisung, das Leben der Mitlebenden unbedingt zu schützen: die Alten vor dem Vergessen und vor der sozialen Not; niemand soll gemordet werden; das Versprechen der liebevollen Sorge der Vertrauten füreinander soll Bestand haben; niemand soll durch eine Falschaussage vor Gericht um sein Leben bangen müssen. Mitmenschliche Gerechtigkeit soll unter den Geschöpfen im dankbaren Wissen um Gottes Ja zu allen Gestalten des geschöpflichen Lebens sein.

3. Nachfolge: Menschenworte für Gottes Wort

3.1 Repräsentation des Wortes Gottes in den Worten der Menschen

Alle Formen der wirksamen Vergegenwärtigung Gottes im Raum der Glaubensgemeinschaft sind als Repräsentationen der ansonsten unzugänglichen Wirklichkeit Gottes zu verstehen: Die Welt, die Wirklichkeit, von der sie handeln, sie besteht bereits – auch ohne ihre Darstellung, ihre Äußerung, ihre Verkündigung. Auch das sakramentale Wortgeschehen ist bloßer Widerschein einer extra nos – außerhalb der geschöpflichen Verfügung – gegründeten Wirklichkeit, die Gott selbst ist. Die kirchlichen Grundvollzüge der Martyria, Leiturgia und Diakonia gehören engstens zusammen und sind ineinander verwoben: Das Zeugnis geschieht in der Feier der Verkündigung von Gottes Wort in Menschenworten und in der für sich selbst sprechenden Tat der Liebe. Das gottesdienstliche Gedächtnis Jesu macht Mut zur tätigen Nachfolge in seinem menschennahen Gottesdienst. Das lebenaufreibende Tatzeugnis findet immer wieder Trost in der Gewissheit der alle Not wendenden Zusage des befreienden Erbarmens Gottes. Die gesamte kirchliche Sendung ist Zeugnis für das Leben Gottes, Feier der Gegenwart Gottes und Handeln in Gottes Sinn.

3.2 In der liturgischen Feier

Die gottesgläubige Menschengemeinschaft sollte immer nur eines sein: Zeugnis. Die Leiturgia ist gefeierte Antwort auf Gottes gesprochenes Wort, auf seine Gabe des Lebens, auf seine Bereitschaft zur Versöhnung mit den Sünderinnen und Sündern, auf seine Verheißung von Grund

und Ziel des Daseins. Die Antwort der Glaubensgemeinschaft, in der Gottes Wort im Widerschein des Vertrauens seiner Geschöpfe als vertrauenswürdig gegenwärtig wird, geschieht im gesamten Leben in seiner konkreten Gestalt. Diese Antwort wird eindeutig und ausdrücklich, sinnlich erfahrbar, vernehmbar und einklagbar in der liturgischen Feier, in der bewussten Versammlung zu einer Gemeinschaft an einem Ort in der ausgesonderten Zeit. Die Deuteworte, die Menschen zu den sakramentalen Zeichenhandlungen sprechen, gewinnen ihre Bedeutung im Gesamtzusammenhang der liturgischen Feier.

Was ist die Eigenart der Wortverkündigung? Was unterscheidet sie von einer sakramentalen Zeichenhandlung? Im ökumenischen Gespräch zeichnen sich bei der Frage nach der Gemeinsamkeit und Unterschiedenheit von Wort und Sakrament seit längerem Annäherungen ab, die nicht zuletzt durch die Besinnung auf den Wort-Charakter auch der sakramentalen Zeichenhandlungen erreicht wurden. Karl Rahner[3] hat diesen Gedanken argumentativ erschlossen: Auch die Sakramente sind Wort Gottes; ihre spezifische Wirksamkeit lässt sich durch ihre situative, lebensgeschichtliche, biographische Verortung bestimmen; das sakramentale Wort ist eng bezogen auf eine bestimmte Fragesituation der Menschen; es gibt eindeutige Antwort, verdichtete Kunde, die weniger stark durch die Offenheit der Hörsituation der Glaubensgemeinschaft mitbestimmt ist als manche Gestalt der Schriftauslegung, bei der die persönliche Deutung des Wortes Gottes bei den Sprechenden und den Hörenden eher individuell ist als in den vertrauten und in ihrer Gottes-Kunde eindeutig erkennbaren sakramentalen Zeichenhandlungen.

Die sakramentale Zeichenhandlung wirkt anders als die Wortverkündigung – anders und nicht in jeder Hinsicht intensiver. Viel stärker spürbar ist die Zeugniskraft der nicht immer gleichen Worte. Die persönlichen Zugänge, die die Verkündiger und Verkündigerinnen des Wortes suchen, um Gottes Kunde den Menschen zu vergegenwärtigen, die personal-existentielle Dimension der Wortverkündigung und ihre Lebendigkeit durch ihre Bezüglichkeit zur Glaubensgeschichte der Sprechenden macht die Wortverkündigung zu einem unvergleichlich wertvollen Ort der Gegenwart Gottes im antwortenden Zeugnis der verkündigenden Glaubensgemeinschaft. Zum Verständnis der sakramentalen Deuteworte ist es unabdingbar, bereits anfanghaft mit der Beziehung vertraut zu sein, die der in den sakramentalen Zeichenhandlungen verkündigte Gott mit der Glaubensgemeinschaft lebt. Ohne die Verkündigung des Wortes Gottes, ohne die stets erneuerte Vergegenwärtigung der Geschichte der Glaubensgemeinschaft mit Gott, ohne das Erzählen von ihm bliebe das Deutewort über die sakramentalen Zeichenhandlungen ohne jenen Zusammenhang, der Verstehen erschließt.

3.3 Gottes-Kunde angesichts der Lebensgeschichten der Sprechenden und Hörenden

Jürgen Werbick[4] brachte Überlegungen in die systematische Gotteslehre ein, die in der religionspädagogischen Diskussion[5] verwurzelt sind: Werbick weist darauf hin, dass die persönliche Gläubigkeit eine Geschichte hat. Der Glaube hat biographische Struktur und ist Antwort auf die Lebensgeschichte. Diese Antwort setzt ein Hören des Wortes, in dem Gott von sich selbst Kunde gibt, voraus. Höre ich als Gottes Wort sein Sich-selbst-Versprechen, seine Zu-Sage, bedingungslos da zu sein, dann brauche ich vor ihm mein Leben nicht als eine Siegesgeschichte zu erzählen. Werbick fasst den Gehalt des göttlichen Sich-selbst-Versprechens in folgende Worte: Es ist „ein Versprechen, das gegen die Verneinung des Menschen durch das unabwendbare Unglück, gegen sein Gleichgültigwerden im alles einebnenden und vergessen machenden Ablauf der Dinge ‚anspricht'; ein Versprechen gegen das ‚Nichts', die Leere, in die wir ‚hineingehalten' sind".[6]
Kann Gott das Versprechen, das er uns gibt, halten? Ist er immer bedingungslos da? Wir leben in einer Zeit, in der Bücher, die vorgeben, über Gottes Biographie Aufschluss geben zu können, gerne gelesen werden. Das biographische Erzählen hat den ureigensten Raum der Theo-logie erobert: die Rede von Gott, von Gottes Leben. Es scheint so, dass für Menschen von heute ein Gott, in dessen Leben auch nicht alles so lief, wie er sich das vorstellte, sympathisch wirkt. Von Gottes Schwächen, von seinen Gefühlen, von seinem Ringen mit dem ihm unverhofft Widerfahrenen zu hören, das lässt Vertrauen fassen in ihn. Starke, unwan-

delbare, allmächtige, ewige Götter sind gegenwärtig – auch in theologischen Kreisen – weniger gefragt. In dieser Verkündigungssituation, in der die tiefe Betroffenheit gottesgläubiger Menschen über die unbegreiflichen leidvollen Widerfahrnisse im eigenen Leben Geltung beansprucht, ist es meines Erachtens wichtig, das Bekenntnis zum ewigen Gott als ein Bekenntnis zur Mächtigkeit Gottes, Zeit zu gewähren, Zeit zu wandeln und Zeit zu vollenden, nahezubringen.
Gott ist als der Grund des Zeitlichen auch das Ziel des Zeitlichen. Am Ende geschieht Ankunft, Heimkehr, Versöhnung, Vollendung, Erfüllung. Die Lebenszeit ist die von Gott gewährte Zeitspanne, in der werden soll, was dann immer ist: Zutrauen zur Liebe, Erweis der Tragfähigkeit der Rede von der Möglichkeit, sich selbst zu finden, wenn wir uns aneinander verlieren sowie Erweis der Gültigkeit der Rede von der erlösenden Preisgabe des Lebens aus Liebe zueinander.
Dieser Gehalt der Gottesverkündigung in der Liturgie bedarf aller menschlichen Wege, ihn Menschen nahezubringen. Konkurrenzen zwischen Wort und Sakrament erscheinen vor diesem Hintergrund theologisch verboten. Zeichenhandlungen be-deuten zuweilen mehr, als sich sagen lässt. Sie setzen jedoch einen Verstehenshorizont voraus, der nicht in jeder gottesdienstlichen Versammlung gegeben ist. Ohne Worte sind die Zeichen vieldeutig. Ohne Zeichen sind die Worte nüchtern. Die Dichterin[7] sieht klar, wenn sie schreibt:

Wort und Ding
lagen eng aufeinander
die gleiche Körperwärme
bei Ding und Wort

Menschliche Worte und menschlich vermittelte Zeichenhandlungen sind Zeugnisse Gottes, wenn sie seine Wärme vermitteln. Worte haben in diesen winterlichen Zeiten des Glaubens, die länger schon andauern, vielleicht die größeren Möglichkeiten, das Eis des Zweifels an Gottes Gegenwart in den Widerfahrnissen des eigenen Lebens zu tauen.

Egbert Ballhorn

Bibellektüre, Rezeptionsästhetik und Liturgie
Von der biblischen Lesung zur Oration

1. Rezeptionsästhetik, oder: Was geschieht beim Bibellesen?

Dass die Partitur nicht schon gleich mit der Sinfonie identisch ist, ist keine Frage. Jede Partitur ermöglicht sehr viele unterschiedliche Aufführungsformen. Und schließlich löst eine aufgeführte Sinfonie bei den einzelnen Zuhörenden ganz unterschiedliche Gedanken, Reaktionen und Konnotationen aus.[1]

Ein Bibeltext, der im Gottesdienst verlesen wird, ist eine solche Partitur. Das Wort Gottes wartet gewissermaßen auf den Augenblick seiner Aktualisierung, im Moment des Lesens wird es zu einem lebendigen Gebilde und sowohl Lektorin oder Lektor als auch die Gemeinde sind daran aktiv beteiligt. Die Feier der Liturgie trägt dem Rechnung, indem sie die Verlesung der biblischen Schriften mit Formen feierlicher Ritualisierung umgibt: das gesammelte, aufmerksame Schweigen der Gemeinde, der Antwortruf auf die Lesung, der Responsorialpsalm, der achtungsvolle Umgang mit dem Lektionar. Beim Evangelium treten noch weitere Feierformen hinzu wie die Ehrung des Evangeliars durch Prozession, Kerzen, Weihrauch und Kuss.[2]

Aber nicht nur der liturgischen Verlesung der Bibel in Gottesdiensten oder beim Bibel-Teilen wohnt dieser performative Charakter inne, sondern ebenso der privaten Lektüre. Die Lektüre eines biblischen Textes ist immer ein aktives, ein Handlungsgeschehen.[3]

Dies mag ein Beispiel verdeutlichen. Was geschieht, wenn ich die Worte „Als sich Jesus mit seinen Begleitern Jerusalem näherte ...“ höre? Vor meinem inneren Auge entwickelt sich das Bild Jesu und seiner Jünger, dazu Jerusalems. Wenn es in der Fortsetzung des Satzes „... und nach

Betfage am Ölberg kam", so präzisiere ich meine Vorstellung und bin gedanklich in der Nähe des Ölbergs, so wie ich ihn mir vorstelle. Wenn Jesus dann zwei Jünger vorausschickt, korrigiere ich das innere Bild wieder und stelle mir ein Jüngerpaar vor, das sich von der Gruppe löst und in die Stadt geht. „Und er sagte zu ihnen: Geht in das Dorf, das vor euch liegt; dort werdet ihr eine Eselin angebunden finden und ein Fohlen bei ihr."

Mit dieser Schilderung beginnt der Einzug Jesu in Jerusalem nach Matthäus (Mt 21). Die sequenzweise Zerlegung des Perikopenanfangs konnte vielleicht deutlich machen, dass das Lesen ein aktiver Prozess ist, der sich zwischen den beiden Polen „Text" und „Leser" abspielt. Ohne Lesevorgang gibt es keine Realisation des Textes, wird er nicht lebendig und ist er damit gleichsam auch nicht existent. Textexistenz heißt Gelesenwerden, und das bedeutet eine dynamische Größe.

Der Text entsteht im Zwischenspiel zwischen Text und Leser.[4] Auf jede Sequenz des Textes reagiert die Leserin, der Leser, mit den eigenen Gedanken und Vorstellungen. Von Satzabschnitt zu Satzabschnitt konkretisiert der Text meine Vorstellungen und lenkt sie. Daher spricht man auch von der „Leserlenkung" durch den Text. Der Text führt mich bei der Hand und nimmt mich mit durch seine narrative oder kompositorische Struktur.

Dabei sind die Leserin oder der Leser jedoch keinesfalls passive oder auch nur re-agierende Gestalten, denn trotz aller fortschreitenden Konkretisierungen durch die Erzählung bleibt für die Vorstellung des Lesers noch genügend Raum. Viele Einzelheiten kann und will ein Text gar nicht aussagen, ihre Erfüllung bleibt dem Leser überlassen. Wie sahen die Jünger aus, welche Kleidung tragen die Beteiligten, wie haben wir uns die Landschaft vorzustellen, in der die Szene spielt? Diese Aussagen, die der Text freilässt, nennt man „Leerstellen"; es sind Orte, die Leserin und Leser selbst auszufüllen haben. Und das ist gerade kein Manko, sondern der Gewinn von Texten. Leerstellen sind keine „Fehlstellen" des Textes, sondern die Orte, an denen die Leser mit ihren eigenen Erfahrungen und Vorstellungen in den Text hineinsteigen. Hier eröffnet sich ein Raum der Kreativität, woraus sich ergibt, dass Lesen ein eigenschöpferisches und nicht nur ein nachvollziehen-

des Geschehen ist. Aber nicht nur Äußerlichkeiten, wie beispielsweise Landschaft und Kleidung, bleiben in der Matthäusperikope offen, sondern auch die inneren Bewegungen Jesu und seiner Jünger, dazu die Stimmung der gesamten Szene. War es eine freudig ausgelassene Festtagserwartung, schimmerte der Ernst der herannahenden Passion schon durch oder war es für die Jünger eine Pessachvorbereitung wie womöglich in vielen Jahren zuvor auch? Das will der Text gar nicht sagen, und so gibt es eine legitime Vielzahl von Möglichkeiten, diese Leerstelle zu füllen.[5] Hier ist auch der Ort, an dem die eigenen Lese- und Lebenserfahrungen der Leser einfließen können. Dabei mag man den Kontext des Matthäusevangeliums samt seinen Leidensankündigungen einspielen, aber ebenso Erinnerungen an eine Predigt zu diesem Evangelium, an Bibelarbeiten in der Gruppe oder an ein Bibliodrama, an einen Besuch in Jerusalem, ein Gespräch in der Familie oder die Erinnerung an die Stimmung der am Palmsonntag gefeierten Gottesdienste.
In dieser geschilderten rezeptionsästhetischen Sichtweise stellt ein Text eine Kommunikationsstrategie dar, die dazu dient, mit dem Leser in Austausch zu treten. Dabei bewegt sich der Lesevorgang in einem unablässigen Oszillieren zwischen Leserlenkung durch die Erzählstrukturen des Textes und eigenständiger Aktivität des Lesers, zwischen freier Imagination und deren Einschränkung und Korrektur durch den Fortgang des Textes. Zugespitzt formuliert, entsteht mit jedem neuen Lektürevorgang ein neuer Text, der aber zugleich nicht einfach beliebig ist, weil er durch das Lesen mit jedem Wort an den „Urtext" rückgebunden wird. Und so bringt jeder gelesene Text mich nicht allein zu meinen Erfahrungen zurück, sondern auch über diese hinaus, indem er mich meine Erfahrungen entlang dem Text neu erinnern und anordnen sowie anhand des Textes neue Erfahrungen machen lässt.[6] Hier kommt auch die besondere Bedeutung der Rezeptionsgeschichte biblischer Texte bei der Auslegung ins Spiel (theologisch mit dem Begriff der „Tradition" eng verwandt), denn sie kann helfen, Aspekte aus dem vorhandenen Potential des Textes aufzudecken, die erst im Laufe einer langen Lese- und Rezeptionsgeschichte gefunden und aus den verborgenen Strukturen des Textes in das Licht der Explikation geholt wurden.[7]

2. Von der Rezeptionsästhetik zur inspirierten Lesegemeinschaft

Dieser bisher rein literaturwissenschaftlich geschilderte Vorgang hat auch seine theologische Bedeutung. Das biblische Wort will in den Gläubigen lebendig werden, und das geschieht nicht durch ein reines Hören oder alleiniges Auswendiglernen (das es freilich in nackter Form gar nicht geben kann), sondern durch ein „Zu-Herzen-Nehmen", durch ein Einlassen des Textes in die eigene Existenz (vgl. Dtn 6,4-9). Die Schrift kennt viele Bilder der Aneignung des Gotteswortes, von denen das Buch-Essen durch Ezechiel und Johannes vielleicht das intensivste ist (Ez 2,8-3,3; Offb 10,8-10). Man mag auch an Joh 4,14 denken: „Wer aber von dem Wasser trinkt, das ich ihm geben werde, wird niemals mehr Durst haben; vielmehr wird das Wasser, das ich ihm gebe, in ihm zur sprudelnden Quelle werden, deren Wasser ewiges Leben schenkt." (vgl. 1 Thess 2,13).

Wenn das Wort beim Lesen in den Leserinnen und Lesern lebendig wird, so überträgt es etwas von seiner lebendigen Kraft in den Akt des Lesens. Ulrich Körtner hat hierfür den Ausdruck des „inspirierten Lesers" geprägt.[8] Die Inspiration, die Geistgewirktheit der Schrift setzt sich beim Lesen in die Geistbegabung des Lesers hinein fort. Aber nicht des Einzellesers allein, sondern noch viel mehr in die Lesegemeinschaft hinein, ein anderes Wort für „Kirche".

Von hier aus kann man auch eine ganze Theologie der Gottes-Wort-Praxis entwickeln. Jede Lektüre eines Einzelnen ist schon Teilhabe an diesem geschilderten aktiven Rezeptionsprozess, noch mehr gilt dies von gemeinschaftlicher Bibellesung, sei es im Bibelkreis, sei es in der Wort-Gottes- und Eucharistiefeier. Im Hören auf die Bibel ereignet sich Kirche. Wenn diese Prozesse geschehen, dann ist jeder Verlesung des Bibeltextes für Gemeinschaften höchste Aufmerksamkeit zu zollen. Auch wenn dabei wenig Sichtbares geschieht, so läuft beim Zuhören in den Hörerinnen und Hörern eine Vielzahl von Prozessen ab, an denen der Heilige Geist nicht unbeteiligt ist. Sich das immer wieder bewusst zu machen, ist für die rechte Feier von Gottesdiensten unerlässlich. Den Lektorendienst zu übernehmen, ist damit bei weitem mehr, als die Sachinformation des Schriftinhaltes in die Gemeinschaft zu geben. Erst die Lektorin oder der Lektor lässt das Wort Gottes im Augenblick des Verlesens lebendig werden, nimmt die Gemeinde in den eigenen Lese- und Rezeptionsprozess hinein und setzt so die Vielzahl der individuellen Aneignungsprozesse in Gang.[9] Der Lektorendienst ist vielleicht die schönste Aktualisierung dessen, was es heißt, ein getaufter Christ zu sein: von Gott her zum lebendigen Zeugen für sein Wort genommen zu werden. Umgekehrt bedeutet dies, dass das innerlich bewegte Hören auf das verkündete Wort Gottes eine intensive Form der participatio actuosa und wirklich ein Einfallstor des Heiligen Geistes ist.

3. Die drei Dimensionen des wirksamen Gotteswortes: Katabase, Diabase, Anabase

Die vielfältigen Reaktionen auf das Verlesen der biblischen Texte, die ja selbst nichts anderes als Verstehens- und Aneignungsprozesse sind, laufen großteils unbewusst ab. Zugleich finden sicher auch in den Hörenden viele weitere Prozesse statt, die das soeben gehörte Wort in das eigene Leben einlassen, es mit Erfahrungen und Gefühlen konfrontieren und dabei auch in eine ausgesprochene Antwort an Gott oder die unausgesprochene Haltung der Hinwendung zu ihm münden. „Von Gott geht das Heil, das offenbarende Wort aus, das wir in der Lesung in Empfang nehmen. Es steigt herab und weckt den Widerhall des Gesanges in den Herzen der Gläubigen, und nun sammeln sich die Bitten und Gebete der gläubigen Gemeinde und werden durch den Priester zu Gott zurückgeleitet.“[10] Das Wort kann gar nicht anders, als im Augenblick des Vernommenwerdens schon wirksam zu werden.
Die Vielzahl dieser im Inneren der Gläubigen, aber auch der explizit in der Liturgie ablaufenden Prozesse kann sehr gut mit den drei Begriffen „Katabase, Diabase, Anabase“ umschrieben werden, mit Abstieg des Wortes Gottes, Durchgang und Antwort/Aufstieg zu Gott.[11] Sie meinen eine theologische Deutung und Weiterführung der zu Eingang geschilderten rezeptionsästhetischen Phänomene.
Die Katabase ist das Herabsteigen des Wortes Gottes in die Welt. Gott ist es, der zuerst spricht. Jede menschliche Hinwendung zu Gott kann nur

die Antwort darauf sein. Katabase ist die eine/einzige Bewegung der Offenbarung Gottes, in der das vielfältige Heilshandeln Gottes zusammengefasst werden kann. Schöpfung und Inkarnation gehören daher auf das engste zusammen. Ebenso aber steht die Schriftwerdung, die Entstehung der Bibel als Wort Gottes durch die Einwirkung des Heiligen Geistes in der Fortsetzung dieses Geschehens. Und die je und je sich aktualisierende Verkündigung des Gotteswortes, das im Verlesenwerden seinen Klangleib erhält, hat Anteil daran. Im Bibellesen ist Gottes Schöpfungs- und Erlösungsmacht wirksam!

Diabase steht für den Durchgang. Urbilder dieses Durchgangs sind der Durchzug Israels durch das Schilfmeer und die Passion Jesu Christi: vom Tod zum Leben. Es ist kein Zufall, dass beiden Durchgangsereignissen im Erzählkontext der Bibel Liturgien vorgeordnet sind, die das einmalige historische Geschehen in die Form der sakramentalen, wiederholten, zeitübergreifenden Feier transformieren: Pessach und Abendmahl/Eucharistie. Mit diesen beiden Liturgien steuert die Bibel ihren eigenen Aktualisierungsprozess: In der liturgischen Feier von Pessach und Eucharistie wird das im Gotteswort berichtete Heilshandeln auf die versammelte Festgemeinschaft hin aktualisiert. Aber auch der Durchgang vom Tod zum Leben, der ja wirklich dem Wirksamwerden des Gotteswortes entspricht, hat neben diesen beiden liturgischen Gründungsereignissen eine Vielzahl von Entsprechungen. Jede Art von Wortgottesdienst hat die Aufgabe, dem Wirksamwerden des Gotteswortes Raum zu geben. Es muss ein Verweilen beim Wort geben. Hierzu dienen hauptsächlich Formen des Schweigens und der Besinnung, wie es in der Stille nach den Lesungen oder auch dem gemeinsamen Schweigen über dem Bibeltext beim Bibelteilen geschieht. Neben das Schweigen können andere Formen der Verinnerlichung treten, so ein meditativ gesungener Kehrvers (man denke auch an die Funktion der Taizé-Gesänge!), ein Musikstück, Psalmenrezitation.

Aus dem Wirksamwerden von Gottes Wort ergibt sich von selbst eine Dynamik, die über die eigenen Grenzen des Subjekts hinausreicht und sich wieder auf Gott hin ausrichtet: Anabase. So erfolgt notwendigerweise die Antwort auf Gott hin in Form einer Anrede an ihn, als Gebet, aber auch im Sinne eines Glaubensbekenntnisses und eines Handelns, das dem Wort Gottes entspricht. So stellt ein ausdrückliches Gebet die angemessene Reaktion auf das Handeln Gottes dar. Zugleich ist jedes Gebet schon allein durch seine Schlussdoxologie eschatologisch auf die Zukunft Gottes hin offen und sprengt damit die Dimension des konkreten Gottesdienstes. Damit bedeutet es auch die Schwelle aus dem Gottesdienst hinaus in den Alltag, oder besser noch: verlängert es den Gottesdienst in den Alltag hinein. In den sieben Methodenschritten des Bibel-Teilens entsprechen der sechste Schritt („Handeln“, „Welche Aufgabe stellt sich uns?“) und der siebte Schritt, das gemeinsame Gebet zum Abschluss, dieser Dynamik.[12]

Der vielleicht schönste Bibeltext, der die drei Dimensionen des Gotteswortes aufzeigt, ist in Jes 55,10f. zu finden: „Denn wie der Regen und der Schnee vom Himmel fällt und nicht dorthin zurückkehrt, sondern die Erde tränkt und sie zum Keimen und Sprossen bringt, wie er dem Sämann Samen gibt und Brot zum Essen, so ist es auch mit dem Wort, das meinen Mund verlässt: Es kehrt nicht leer zu mir zurück, sondern bewirkt, was ich will, und erreicht all das, wozu ich es ausgesandt habe.“

Aus der Phänomenologie dieser Aspekte des Gotteswortes lässt sich ein liturgische Schema „Lesung – Meditation – Oration“ entwickeln, weil es die drei Grundbewegungen in ihren sachlogischen Zusammenhang bringt und sie so auch expliziert.[13] Es bietet sich an, dieses flexibel gestaltbare Schema als Basisstruktur allen Formen von Wort-Gottesdienst zugrundezulegen.[14] Wer sich dieses Grundschema bei der Vorbereitung von Wort-Gottes-Feiern zu eigen macht, handelt entsprechend dem ältesten Brauch der Kirche, fügt sich der Struktur des Wortes Gottes an und ist zugleich davon befreit, jedem Gottesdienst eine mühsam zu findende „Eigenstruktur“ zu geben oder Gottesdienste in ein einförmiges Andachtsschema des ständigen Wechsels von „Lied – Gebet – Lied – Gebet“ zwängen zu müssen.

Zugleich macht das Dreierschema auch deutlich, dass der Bibel als wirksames Wort Gottes sakramentaler Charakter eignet und die gottesdienstliche Feier dem durch die Vielzahl ihrer Aspekte und Feierformen Rechnung trägt. Es gilt, dem Wort Gottes Raum und Zeit zu geben, es lesend mit dem eigenen Leben in Verbindung zu bringen, es zu würdigen und die Anwesenheit Gottes in ihm zu feiern.

Wenn man dies recht bedenkt und in der Gottesdienstpraxis auch ausübt, dann lernt man, der Tragfähigkeit des Wortes Gottes zu vertrauen. Damit wird auch klar, dass Wort-Gottes-Feiern ihren eigenen Stellenwert in der Liturgie der Kirche einnehmen und nicht in Konkurrenz zur Eucharistiefeier treten, aber auch keine Ersatzform für diese darstellen, sondern ganz und gar eigenständig sind. Umgekehrt zeigt ja gerade die Eucharistie, die nicht ohne Wortgottesdienst stattfinden kann, dessen Unverzichtbarkeit. Wort-Gottes-Frömmigkeit und eucharistische Frömmigkeit stehen in einem unauflöslichen Wechselverhältnis zueinander.

4. Nach der Bibel beten: Das Schema der römischen Oration

Bei dem hier vorgestellten Schema mag es gestalterisch nicht schwierig erscheinen, den Text einer biblischen Lesung, vorzugsweise die Lesung des Tages, auszuwählen und zu verkünden. Auch ein Moment der meditativen Aneignung auszuwählen, wird Laiinnen und Laien, die Wort-Gottes-Feiern vorbereiten, gut möglich sein. Aber wie ist es um das Gebet als Explikation der anabatischen Dimension bestellt? Hier kann ein Blick in unsere eigene abendländische Kirchengeschichte hilfreich sein:

Aus der Vita St. Ansgarii Rimberts:
„Schließlich stellte unser Vater aus Bußsprüchen der Heiligen Schrift für jeden Psalm des Psalters einige kurze Gebete zusammen. Er nannte sie gern seine Würze zur Erhöhung des Psalmengenusses. Der Stil dieser ‚Würze' kümmerte ihn nicht, es kam ihm nur auf herzliche Reue an. Bald preist er darin Gottes Allmacht und gerechtes Gericht, bald tadelt und schilt er sich selber. Bald rühmt er die Heiligen, die Gott dienen, bald beklagt er die armen Sünder. Sich selbst achtete er noch geringer als sie alle.
Diese Sprüche pflegte er während des Psalmsingens mit den anderen nach jedem Psalm leise vor sich hin zu murmeln, wollte sie aber niemandem mitteilen. Durch unablässiges Bitten erreichte trotzdem einer von uns, der Ansgar besonders nahestand, endlich ein Diktat dieser

‚Würze', so wie er sie gewöhnlich sang. Doch diese Schrift hat er zu seinen Lebzeiten niemandem gezeigt, erst nach seinem Tode möge sie lesen, wer wolle.
Gewöhnlich verrichtete er beim Psalmsingen Handarbeit. Er fertigte dabei Netze. Welche Psalmen er in der Nacht oder am Tage singen wollte, welche während der Vorbereitung der Messe, welche beim Entkleiden und Schlafengehen, war genau festgelegt."[15]

Was geschieht hier? Ansgar hat für sich eine Methode der persönlichen Aneigung der Psalmen entwickelt, in der er die in der Gemeinschaft rezitierten Psalmentexte mit seinem eigenen Leben zusammenbringt. Zu Psalm 2 betet Ansgar beispielsweise: „Zerreiße, Herr, die Ketten unserer Sünden, damit wir, umschlungen vom Joch des Dienstes für dich, fähig werden, dir in tiefer Ehrfurcht zu dienen."[16] Wohlgemerkt, der Psalm ist hier nicht das diabatische Element, sondern wird als biblische Lesung in der Gemeinschaft rezitiert.[17] Das Hören und Meditieren des Psalms gehen dabei ineinander über. Der Psalm steht hier für das Wort Gottes schlechthin, und die Reaktion Ansgars besteht darin, aus der Vielzahl der Aussagen einige Aspekte für sich herauszugreifen und sie auf sein Leben anzuwenden. Im Beispiel von Ps 2 sind es die Ketten, die die Völker abwerfen, um sich gegen Gott aufzulehnen. Ansgar hingegen geht es um die Ketten der eigenen Verfehlungen; stattdessen will er das Joch des Dienstes für Gott auf sich nehmen (vgl. Mt 11,29). Das gehörte Zeugnis der Schrift führt zur Abwendung von den eigenen Sünden und zur Umkehr zu Gott.
Durch diesen Umgang mit den Psalmen steht Ansgar in der altkirchlichen Tradition, insbesondere der Wüstenväter, deren gemeinsamer Gottesdienst ebenso aufgebaut war: Der von einem einzigen Lektor vorgetragene Psalm ist das an die gemeindliche Versammlung gerichtete Schriftwort, an das sich das Gebet des Vorstehers anschließt.[18] Das Gloria Patri der lateinischen Psalmentradition ist übrigens ein Überrest dieses Psalmen-Gottesdienstes und dient daher nicht dem Zweck einer christlichen „Überkleidung" des Psalmentextes, sondern stellt die Doxologie am Ende der Gebetsantwort dar.[19] Dies ist wichtig für den heutigen liturgischen Umgang mit den Psalmen. Das Gloria Patri muss also

einen vermeintlich „nichtchristlichen“ Text nicht erst taufen, sondern ist letzter Bestandteil jener ursprünglichen Bewegung, die vom Vernehmen des Gotteswortes über das Bittgebet zu einem antwortenden Lobpreis auf eben diesen Gott führt.
Interessant ist auch, dass Ansgar nicht nur für jeden einzelnen Psalm eine Oration formuliert hat, sondern ebenso für Benedictus, Magnificat, Nunc dimittis und Te Deum.[20] Auch darin zeigt sich, dass es nicht um eine sekundäre Verchristlichung dieser Texte, sondern vielmehr um eine existentielle Reaktion darauf geht. Ansgar bringt die biblischen Worte mit der Bedrängnis seines eigenen Lebens zusammen, schöpft aus ihnen Trost und Zuversicht und wendet sich mit ihrer Hilfe an Gott. Es ist die eine, ganze Heilige Schrift, die es in ihren beiden Testamenten immer neu anzueignen und in das eigene Leben zu übersetzen gilt. Aus dieser altkirchlichen Praxis können wir Mut für unsere eigene Praxis schöpfen, selbst aus biblischen Texten Orationen zu entwickeln. Es scheint eine sehr sinnvolle geistliche Übung zu sein, zu Texten der Schrift, nicht nur zu den Psalmen, ein dazu passendes Gebet zu verfassen. Sinnvollerweise bietet es sich an, hierfür das Schema der römischen Oration zugrunde zu legen.

Die Grundstruktur christlichen Betens[21]

„Herr unser Gott ...“	Anrufung	-> Kontakt
„Gott unser Vater ...“		(„Ich bin der Ich-bin-da“ Ex 3,14)
		(„Abba, Vater ...“; Röm 8,15; Mk 14,36)
„du hast ...“	Erinnerung	-> Gott hat heilvoll gehandelt
„du bist ...“		(in der Schöpfung,
„du schenkst ...“		in der Geschichte Israels,
„du begleitest ...“		in Jesus Christus,
...		in der Geschichte der Kirche)

„schenke uns / allen ...“ „rette ...“ „begleite ...“ ...[22]	Bitte	–> Einbeziehung der Beterin / des Beters / der versammelten Gemeinde / der gesamten Kirche / der Menschheit in das Heil
„Gott, wir preisen dich jetzt und in Ewigkeit“ „... darum bitten wir durch Jesus Christus, deinen Sohn, der in der Einheit des Heiligen Geistes mit dir lebt und herrscht in alle Ewigkeit“	Lob	–> Gotteslob als Ziel des Lebens

Dieses Schema der römischen Oration ist zwar so in der Bibel nicht belegt, es entstammt der lateinischen Tradition, dennoch entspricht es in seinen Bestandteilen und seiner Bewegung zutiefst der biblischen Theologie. Mit Hilfe dieser Struktur wird auch die problematische Tendenz von Gebet, fast immer zum Bittgebet zu tendieren, gebremst, indem die biblischen, unverzichtbaren Kategorien der Heilserinnerung und des Gotteslobes an seine Seite treten.[23]

Wer sich dieses Schema einmal angeeignet hat, kann es sehr gut als Grundmuster verwenden, um selbst zu biblischen Texten passende Orationen zu erstellen.[24] Dies mag für die private, geistliche Schriftlesung gelten, aber viel mehr noch für engagierte Laiinnen und Laien, die für ihre Gemeinde an Alltagen der Woche Wort-Gottes-Feiern vorbereiten und gestalten.

Damit ist es möglich, allein aus einer biblischen Lesung die Grundform einer Wort-Gottes-Feier zu gestalten. Es muss nur ein diabatisches Element dazu ausgewählt sowie eine Oration verfasst werden. Damit lässt sich in knapper Weise die Grundzelle eines in sich stimmigen Gottesdienstes realisieren. Dieses einleuchtende Grundschema lässt sich natürlich beliebig erweitern: durch einen Eingangshymnus, eine Ansprache, durch das Magnificat, durch Fürbitten und Vaterunser. So lässt sich aus ihm auch die Grundform der Tagzeitenliturgie gestalten. Denn dies ist wichtig für gestaltete Formen der Tagzeitenliturgie und von Wort-Gottes-Feiern: Sie müssen einfach und eingängig sein, dabei unaufwendig vorzubereiten und sollten zugleich der liturgischen Tradition entsprechen. Umgekehrt ist es natürlich sehr zu begrüßen, dass die katholische Liturgie in den Formen der Wort-Gottes-Feiern als gemeindliche Liturgie unter der Woche einen großen Gestaltungsspielraum eröffnet.

5. Gute Gründe für Orationen als Antwort auf biblische Lesungen

Die Form einer Oration, die als Antwort auf biblische Lesungen erfolgt, ist natürlich nicht zwingend erforderlich, aber sie kann helfen, bestimmte Dimensionen des biblischen Textes in das Bewusstsein und in die Form der gemeinsamen Feier zu erheben. Die eingangs knapp dargestellte Weise der Rezeptionsvorgänge bei der Lektüre biblischer Texte würde so in eine liturgische, explizite Form gebracht. Bezeichnend ist, dass eine Zeitlang erwogen wurde, auch in der Tagzeitenliturgie des „Stundenbuches“ an das Ende eines jeden Psalms eine knappe Oration zu stellen.[25] Leider wurde dieser Versuch bei der endgültigen Fassung wieder fallengelassen. Jetzt wäre es an der Zeit, an diese Überlegungen wieder anzuknüpfen.[26] Für den Umgang mit Orationen zu biblischen Lesungen gibt es gute Gründe:

a) Explikation, Ver-antwortung

In einem Sprachspiel ausgedrückt, wird mit einer Oration eine biblische Lesung ver-antwortet. Wie im Eingangsabschnitt dargestellt, ist der Umgang mit biblischen Texten immer ein aktives Geschehen durch die Leserinnen und Leser. Das Erstellen einer Oration nimmt die Erkenntnisse der Rezeptionsästhetik und die sich daraus ergebenden theologischen Folgerungen ernst. Eine Oration zu verfassen, ist nichts anderes als eine Weise der Schriftauslegung: Es ist Kommunikation mit dem Text, und es ist Auslegung des Textes auf ein Heute hin. Dabei ist das Verfassen einer Oration (und sei sie auch improvisiert) noch einmal besonders hilfreich, denn so werde ich angeleitet, den Text nicht nur zu hören und hinzunehmen, sondern ihm Aussagen zu entnehmen, auf diese zu reagieren und die eigene Reaktion explizit zu machen. So nehme ich dem Bibelwort gegenüber einen bewussten Standpunkt ein. Letztlich bedeutet dies nichts anderes, als Gott beim Wort zu nehmen.

b) Selektivität

In einer Oration kann nur ein bestimmter Aspekt eines Bibeltextes herausgegriffen werden. Aber gerade das ist ihre Stärke. So kann mit ihrer Hilfe das Augenmerk der Gemeinde auf diesen bestimmten Aspekt gelenkt werden. Das ist auch eine Form der Entlastung, denn es kann und muss nicht in jedem Gottesdienst die Fülle aller Aspekte, die biblische Texte enthalten, ausgebreitet werden. Die Oration kann helfen, das Augenmerk auf einen bestimmten Schwerpunkt zu richten und so auch zur Verknüpfung der Einzeltexte zu einem Gesamtgewebe beizutragen.

c) Situationsbezug

Mit der Selektivität hängt der Situationsbezug zusammen. Der Bonhoefferschen Frage „Wer ist Christus für uns heute?“ entspricht die Frage „Was bedeutet das Wort Gottes für uns, heute?“ Die Oration kann helfen, den Bibeltext und die eigene aktuelle Situation zusammenzubinden. Damit wird der biblische Text aus seinem historischen Abstand geholt und in das Heute hineingenommen. Genau das liegt in der Wirkabsicht der biblischen Texte, die zeitübergreifend wirksam und lebendig sein wollen. Umgekehrt prägt die gottesdienstliche Umgebung auch den Bibeltext, und derselbe Psalm als Lesung kann beispielsweise im Advent ganz andere Assoziationen hervorrufen als in der Osterzeit. Die Oration kann diesen Prozess unterstützen.

d) Gemeinschaftsbezug

Mitunter wird die Oration auch „Kollektengebet“ genannt, und das zu

Recht.[27] Die Oration sammelt die vielen Einzelgebete und Einzelanliegen, die sich im Hören auf den Text und im Schweigen oder Gespräch darüber ansammeln, und wird daher im Namen der ganzen versammelten Gemeinde gesprochen. Deshalb ist sie auch gemeinschaftsbildend wirksam.

Das Beispiel Ansgars mag uns Vorbild sein. Durch seinen Umgang mit den biblischen Texten der Liturgie zeigt er, woran er „Geschmack gefunden“ hat und wie er die Texte in sein Leben hineinmeditiert. Ein eigenständiger Umgang mit der Bibel, sei es in der persönlichen Lektüre/Meditation, sei es in gemeindlicher Feier, tut not.
Orationen, die auf biblische Lesungen hin verfasst werden, eröffnen neue Freiräume im Umgang mit der Bibel. Sie regen dazu an, sich das Wort Gottes buchstäblich auf der Zunge zergehen zu lassen. Sie machen das, was schon im Lektürevorgang geschieht, explizit: Dass man das Wort Gottes sich nicht nur gesagt sein lassen muss, sondern es als Bestandteil der lebendigen Kommunikation Gottes mit uns begreift und über die Formulierung eines antwortenden Gebetes mit Gott und seinem Wort ins Gespräch kommt, damit dieses seine lebensspendende Kraft entfalten kann.[28] Von einem solchen Bibelumgang sind auch vielfältige Impulse für die Wort-Gottes-Feiern der Gemeinden zu erwarten.

Martin Stuflesser

„Viele nämlich halten die Schrift als Glaubens- und Lebensnorm in Ehren ..."
Anmerkungen zur liturgietheologischen Bedeutung von ökumenischen Wort-Gottes-Feiern

1. Annäherung an das Thema

Bei einer Tagung auf Burg Rothenfels im Jahr 2002 zur Frage der „eucharistischen Gastfreundschaft" zwischen den getrennten Kirchen und kirchlichen Gemeinschaften war ich als Referent eingeladen, aus liturgiewissenschaftlicher Sicht Möglichkeiten und Grenzen einer solchen Gastfreundschaft darzulegen.[1] Bei einer Diskussion meldete sich schließlich eine Dame energisch zu Wort und sagte, sie sei es leid, dass ökumenische Gottesdienste immer „nur" Wortgottesdienste sein könnten, man wolle endlich auch in den Gemeinden gemeinsam die Eucharistie feiern.
Unbeschadet des Zieles aller ökumenischen Bemühungen, einmal gemeinsam das Herrenmahl in der einen Kirche Jesu Christi feiern zu können, wie dies auch immer wieder in allen lehramtlichen Texten der römisch-katholischen Kirche zu diesem Thema sowie in den entsprechenden ökumenischen Konsenstexten formuliert wird, bleibt das Faktum bestehen, dass gemeinsame, ökumenische liturgische Feiern zur Zeit immer Wort-Gottes-Feiern sind, weil eben eine gemeinsame Feier der Eucharistie (noch) nicht möglich ist. Und wenn das II. Vatikanische Konzil betont, die Eucharistie sei „Quelle und Höhepunkt" allen kirchlichen Tuns (LG 11),. dann wirken demgegenüber alle anderen liturgischen Formen wie eine Feierform von abgestufter Bedeutung.
Stimmt also die Aussage der Tagungsteilnehmerin: Handelt es sich bei Wort-Gottes-Feiern im ökumenischen Kontext um ein solches defizitä-

res „Nur“? Dieses „Nur“ erscheint gerade unter römisch-katholischen Christen immer noch eine weit verbreitete qualitativ-abwertende Aussage zu sein, wenn es sich nicht um im eigentlich engen theologischen Sinn sakramentale Gottesdienste handelt: Dann sind dies eben „nur“ Wortgottesdienste. Dieses häufig anzutreffende Empfinden steht jedoch in einem gewissen Widerspruch zur tatsächlichen Relevanz von Wort-Gottes-Feiern für das liturgische Leben der Gemeinden, da es immer mehr Gemeinden gibt, die in Zeiten des Priestermangels über keinen eigenen Seelsorger mehr verfügen, und wo diese liturgische Feierform oftmals sogar die sonntägliche Eucharistie ersetzt.

Wie sind also Wort-Gottes-Feiern als ökumenische Gottesdienste liturgietheologisch zu bewerten? Worin haben sie ihre spezifische Bedeutung? Und wie kann die Bedeutung dieser ökumenischen Feierform auch liturgisch stärker noch als vielleicht bislang geschehen zum Ausdruck gebracht werden?

Wir wollen zur Beantwortung dieser Fragen zunächst im folgenden zweiten Punkt der Bedeutung der gemeinsamen ökumenischen Feier des Wortes Gottes nachgehen und in einem dritten Unterpunkt schließlich mehr liturgisch praktische Überlegungen vorlegen zur Gestaltung von ökumenischen Wort-Gottes-Feiern.

2. Theologische Vertiefung

Die Überschrift, die wir für diesen Artikel gewählt haben, entstammt der Dogmatischen Konstitution über die Kirche, Lumen Gentium, des II. Vatikanischen Konzils. Dort heißt es in Art. 15: „Mit jenen, die durch die Taufe der Ehre des Christennamens teilhaft sind, den vollen Glauben aber nicht bekennen oder die Einheit der Gemeinschaft unter dem Nachfolger Petri nicht wahren, weiß sich die Kirche aus mehrfachem Grunde verbunden. Viele nämlich halten die Schrift als Glaubens- und Lebensnorm in Ehren, zeigen einen aufrichtigen religiösen Eifer, glauben in Liebe an Gott ...“ Dabei ist es theologisch bedeutsam, dass dieses wichtige Dokument des II. Vatikanischen Konzils die Wertschätzung für die Heilige Schrift in solch exponierter Weise sogar als ein „Element

der Heiligung und Wahrheit“ im ökumenischen Prozess unterstreicht. Dieser ökumenische Prozess ist allerdings nicht nur eine besondere Aufgabe für spezialisierte Theologen, sondern er ist eine grundlegend wichtige Aufgabe für alle getauften Christen. So heißt es im Ökumenismus-Dekret des II. Vatikanischen Konzils, Unitatis Redintegratio, konsequent: „Dieses Heilige Konzil mahnt alle katholischen Gläubigen, dass sie, die Zeichen der Zeit erkennend, mit Eifer an dem ökumenischen Werk teilnehmen“ (UR 4). Denn in demselben Dekret des Konzils wird betont, dass „die Taufe (...) ein sakramentales Band der Einheit zwischen allen, die durch sie wiedergeboren sind“, begründet (UR 22). Dies verdeutlicht, dass die Taufe eine weit größere Einheit aller getauften Christen aufzeigt, als es die Verschiedenheit der unterschiedlichen christlichen Denominationen im Alltag vermuten lässt. Diese gemeinsame Gewissheit der einen Taufe wird mit den Worten der Lima-Erklärung zu „Taufe – Eucharistie – Amt“ aus dem Jahr 1982 zum „(...) Ruf an die Kirchen, ihre Trennungen zu überwinden und ihre Gemeinschaft sichtbar zu manifestieren“.[2]
In seiner Enzyklika „Ut unum sint“ hat Papst Johannes Paul II. die Bedeutung der gemeinsamen Wertschätzung der Heiligen Schrift in den noch getrennten Kirchen und kirchlichen Gemeinschaften für die ökumenische Bewegung noch einmal unterstrichen. In der Heiligen Schrift sind ja jene „mirabilia Dei“, jene großen Heilstaten Gottes, überliefert, die wir in der Liturgie feiern. So mahnt der Papst: „Ein jeder muss sich also grundlegender zum Evangelium bekehren und, ohne je den Plan Gottes aus den Augen zu verlieren, seinen Blick ändern.“[3] Papst Johannes Paul II. betont an dieser Stelle auch noch einmal ausdrücklich, dass gerade für das gemeinsame Gebet der noch getrennten Christen die Verheißung Jesu Christi in besonderem Maße gilt: „Denn wo zwei oder drei in meinem Namen versammelt sind, da bin ich mitten unter ihnen.“ (Mt 18,20)[4] Dabei sind die großen gewachsenen „Übereinstimmungen im Wort Gottes und im Gottesdienst“[5] ein wichtiges Zeichen der Hoffnung auf dem Weg zur vollen Einheit der Christen.
Bereits das II. Vatikanische Konzil hatte seine Hochachtung dafür zum Ausdruck gebracht, dass in den Kirchen der Reformation die Hl. Schrift solchermaßen wertgeschätzt und auch in der liturgischen Feier verehrt

wird: „Die Liebe und Hochschätzung, ja fast kultische Verehrung der Heiligen Schrift führen unsere Brüder zu einem unablässigen und beharrlichen Studium dieses heiligen Buches“ (UR 21). Und die nachfolgende Beschreibung liest sich demgemäß geradezu wie eine Anleitung zu einer in der Schrift gegründeten, in der Feier der Heilstaten Gottes in der Liturgie verwurzelten christlichen Spiritualität: „Unter Anrufung des Heiligen Geistes suchen sie in der Heiligen Schrift Gott, wie er zu ihnen spricht in Christus, der von den Propheten vorherverkündigt wurde und der das für uns fleischgewordene Wort Gottes ist. In der Heiligen Schrift betrachten sie das Leben Christi und was der göttliche Meister zum Heil der Menschen gelehrt und getan hat, insbesondere die Geheimnisse seines Todes und seiner Auferstehung“ (UR 21).
Wenn das Konzil die „Liebe und Hochschätzung, ja fast kultische Verehrung der Heiligen Schrift“ in den Kirchen der Reformation (UR 21) so stark betont, dann bedeutet dies, dass auch für uns ökumenische Wort-Gottes-Feiern einen zentralen Stellenwert haben sollten. In ihnen manifestiert sich jene „reale, obgleich noch nicht volle“ Gemeinschaft aller Getauften,[6] um so „durch Gebet, Wort und Werk zu jener Fülle der Einheit zu gelangen, die Jesus Christus will“ (UR 4).
Gerade aber, weil die gegenseitige Anerkennung der Taufe, wie sie das „Direktorium zur Ausführung der Prinzipien über den Ökumenismus“ fordert,[7] mehr ist als ein bloßer Höflichkeitsakt, sondern, so Papst Johannes Paul II. in „Ut unum sint“, eine „ekklesiologische Grundaussage“,[8] wollen wir noch einmal schauen, inwieweit ökumenische Wort-Gottes-Feiern auch den Gedanken der Erinnerung an die gemeinsame, eine Taufe in sich tragen können, also als Wort-Gottes-Feiern auch Feiern des Taufgedächtnisses sein können.

3. Praktische Konsequenzen

Es kann hier nun nicht darum gehen, eine vollständige Übersicht über sämtliche derzeit im deutschen Sprachgebiet in Umlauf befindlichen Gottesdienstmodelle für ökumenische Taufgedächtnisfeiern[9] im Rahmen einer ökumenischen Wort-Gottes-Feier vorzulegen. Dies ist schon

allein deshalb nicht sinnvoll, weil viele Entwürfe zumeist nicht in gedruckter Fassung existieren und von daher auch für den Leser dieses Artikels kaum erreichbar sein dürften.
Wir möchten zunächst eine Feierform vorstellen, die vom römisch-katholischen Deutschen Liturgischen Institut (DLI) in Trier zusammen mit der Materialstelle Gottesdienst der EKD/VELKD in Nürnberg erstellt wurde und der in ökumenischer Hinsicht ein gewisser Modellcharakter zukommt.
Das vom DLI und der Materialstelle Gottesdienst gemeinsam herausgegebene liturgische Modell zur Feier eines Taufgedächtnis-Gottesdienstes steht unter dem Titel „Wasser in der Wüste“.[10] Das Modell geht zurück auf einen ökumenischen Gemeindetag, der im Juli 1995 in Trier gefeiert wurde und an dem insgesamt sechs Gemeinden aus Trier beteiligt waren: fünf römisch-katholische Ortsgemeinden und ein protestantischer Pfarrbezirk. Im Rückgriff auf Jes 43,20 stand der Taufgedächtnisgottesdienst bei diesem Gemeindetag unter dem Motto: „Ich will Wasser in der Wüste geben“. Die zentrale Symbolhandlung des Taufgedächtnisses, die bei diesem Gemeindetag vorgenommen wurde, wird im Vorwort zu dem Gottesdienstmodell wie folgt beschrieben: „Jugendliche aus den sechs Gemeinden hatten vor dem Gottesdienst, nach einer liturgischen Aussendung, Wasser aus den im Bereich der sechs Gemeinden fließenden Quellen geholt. Sie gossen nach dem Einzug das Wasser in ein großes Tongefäß. Die Liturgen und je eine Vertreterin und ein Vertreter aus jeder Gemeinde schöpften daraus eine Schale Wasser und zeichneten mit dem Wasser den Gottesdienstteilnehmerinnen und -teilnehmern ein Kreuz in die offene Hand.“[11]
Zusätzlich zu diesem Wasserritus hatten die einzelnen Gemeinden auch noch verzierte Kerzen mitgebracht, die als „Ökumene-Kerzen“ im Gottesdienstraum vor dem Altar aufgestellt wurden. Nach der zweiten Lesung aus Joh 17 („Damit alle eins sind ...“) wurde eine zentrale Christuskerze entzündet, an welcher wiederum zum Abschluss des Gottesdienstes nach dem Vater unser die „Ökumene-Kerzen“ entzündet wurden. Diese Kerzen wurden schließlich in Prozession in die jeweiligen Gemeinden zurückgebracht. Das nun auch für andere Gemeinden verwendbare Gottesdienstmodell hat nachfolgenden Aufbau:

Gottesdienstliches Element:	Funktion / Inhalt:
Eröffnung:	Verschiedene Vorschläge für ökumenische Lieder; u.a. „Sonne der Gerechtigkeit", „Lobet den Herren".
Einführung	Hinführung zur Feier des Taufgedächtnisses; Verweis auf das Wasser, das aus den Quellen der unterschiedlichen Gemeinden mitgebracht wurde.
Buß-Rufe	Kyrie-Litanei mit Zwischentexten, die darum bitten, dass die versammelte Gemeinde geöffnet wird für Gottes Liebe, für sein Wort, für die Not des Nächsten; dazwischen Kyrie-Kehrvers aus Taizé.
Gebet	„Allmächtiger Gott, du führst zusammen, was getrennt ist, und bewahrst in der Einheit, was du verbunden hast. Schau voll Erbarmen auf alle, die durch die eine Taufe geheiligt sind und Christus angehören. Verbinde uns durch das Band des Glaubens und der Liebe. Darum bitten wir durch Jesus Christus, unseren Herrn."
Wortgottesdienst:	
Erste Lesung	Ex 17,1-6: Mose schlägt mit dem Stab Wasser aus dem Fels am Horeb.
Antwortgesang	Diverse Liedvorschläge: „Ins Wasser fällt ein Stein", „Die Steppe wird blühen".
Zweite Lesung	Joh 17,20-23: Jesu Gebet, dass alle eins seien,
Entzündung der Christuskerze	danach ein Lied (mehrere Liedvorschläge).
Predigt	

Taufgedächtnis:

Lobpreis über dem Wasser	Lobpreis und Anrufung Gottes über dem Wasser (angelehnt an Form A aus „Die Feier der Kindertaufe“),[12] strophisch unterbrochen durch die Akklamation: „V.: Wir loben dich. A.: Wir preisen dich.“
Heilig-Geist-Lied	Lied mit der Bitte um das Wirken des Heiligen Geistes; Liedvorschläge: „Komm, Heilger Geist, der Leben schafft“, „Nun bitten wir den Heiligen Geist“.
Erneuerung des Taufbekenntnisses	Einleitung: „Wir wollen uns zu dem Geschenk und zu dem Auftrag unserer Taufe bekennen, indem wir gemeinsam unseren Glauben bekennen“.“ Apostolisches Glaubensbekenntnis (von allen gemeinsam gesprochene oder gesungene Fassung: „Wir glauben Gott im höchsten Thron“).
Zeichenhandlung	Mit kleineren Schalen wird Wasser aus dem großen Wassergefäß geschöpft, mit diesem Wasser wird ein Kreuz in die Handinnenfläche gezeichnet. Die Deuteworte hierzu lauten: „Ein Kreuzzeichen mit Wasser in der Hand sagt uns: Erinnere dich: Du bist getauft. Freue dich: Du bist von Gott geliebt. Erinnere dich: Du gehörst in die große Familie Gottes. Neben dir und in der weiten Welt leben deine Geschwister.“
Begleitgesang	Während der Zeichenhandlung verschiedene Lieder zur Auswahl: „Ich lobe meinen Gott“, „Lasst uns loben, freudig loben“, „Selig seid ihr“.

Abschluss:

Friedensgruß	Dabei noch einmal Verweis auf das Zeichen der geöffneten Hand beim Taufgedächtnis; den Frieden kann man nicht mit geballter Faust weitergeben.
Segenslied	„Komm, Herr, segne uns".
Fürbitten	
Vater unser	
Entzünden der Ökumene-Kerzen	Die Ökumene-Kerzen werden an der Christuskerze entzündet und nach dem Gottesdienst in die jeweiligen Kirchengemeinden gebracht.
Segen	Aaronitischer Segen: „Der Herr segne dich und behüte dich ...".
Schlusslied	Danklieder zur Auswahl, wie: „Nun danket alle Gott", „Nun saget Dank und lobt den Herren".

An diesem Modellentwurf für die ökumenische Feier der Tauferinnerung lassen sich verschiedene Aspekte beobachten und als beispielhaft festhalten:

- Die eigentliche Feier des Taufgedächtnisses ist eingebunden in eine Wort-Gottes-Feier.
- Die entfalteten biblischen Lesungen und die vielfältigen biblischen Bezüge unterstreichen die Bedeutung der Hl. Schrift als ein wichtiges Element der „Heiligung und Wahrheit" im ökumenischen Prozess.
- Die zentrale liturgische Zeichenhandlung greift bewusst das primäre Symbol der Taufe, das Wasser, auf.
- Diese Symbolhandlung wird durch das zentrale (anamnetisch-epikletische) Hochgebet gedeutet.
- Die biblischen Bilder dieses Hochgebets führen den Teilnehmenden noch einmal zentrale theologische Aussagen über die Taufe vor Augen.
- In der Kombination von Hochgebet und Symbolhandlung geschieht das Gedächtnis der einen Taufe.

- Die Symbolhandlung ist gekoppelt mit einer Vergewisserung: Auch der Getaufte ist der erbarmenden Nähe Gottes bedürftig (Kyrie-Rufe), er steht unter dem Anspruch und dem Zuspruch des Wortes Gottes (Schriftlesung) und weiß sich in der Verantwortung für Kirche und Welt (Fürbitten).
- Diese Weltverantwortung, dieses Leben aus der Taufe im Alltag (der Gemeinde) wird wiederum in einer Zeichenhandlung symbolisch verdichtet zum Ausdruck gebracht (Ökumene-Kerzen).

Außerdem ist an dieser Stelle auf den Band „Ökumenische Gottesdienste“ einzugehen, der vom DLI und dem Gottesdienst-Institut der Evangelisch-Lutherischen Kirche Bayerns gemeinsam herausgegeben wurde.[13] Programmatisch heißt es dort bereits in der Einführung: „Gemeinsam gefeierte Gottesdienste können das ökumenische Miteinander entscheidend stärken und fördern. Dabei ist es empfehlenswert, sich auf das Gemeinsame zu konzentrieren. Solche Gemeinsamkeiten sind vor allem das Bekenntnis des christlichen Glaubens und die Taufe auf den Namen des dreieinigen Gottes, das gläubige Hören und Annehmen des Wortes Gottes, das Lob Gottes in Gesang und Gebet und das fürbittende Eintreten für alle Menschen.“[14]

Der besondere Stellenwert, der der ökumenischen Feier von Taufgedächtnis-Gottesdiensten beigemessen wird, zeigt sich schon daran, dass die entsprechenden Modelle zu Beginn des Buches besonders hervorgehoben werden. Als einzelne Module, die zur Gottesdienstgestaltung vorgeschlagen werden, sind zu nennen:

- Liturgische Eröffnung,
- Christusanrufungen und Gebet (an Eph 1,3-14 angelehnt),
- Schriftverkündigung,
- Auslegung der Schrift,
- eine zentrale Symbolhandlung:
- entweder mit Licht (Symbolik der Osterkerze, Christus, das Licht der Welt)[15]
- oder mit Wasser,
- wobei für beide Fälle entweder ein Gebet zur Lichtdanksagung oder ein Lobpreis und eine Anrufung Gottes über dem Wasser vorgesehen ist.

- Nach der Zeichenhandlung erfolgt das Taufbekenntnis, entweder von allen gemeinsam gesprochen oder in Frageform.
- Die Fürbitten, das Vater unser und der Segen beschließen die Feier.[16]

So lässt sich als Ergebnis unserer kurzen Tour d'horizon durch die ausgewählten liturgischen Modelle für die Feier von Taufgedächtnis-Gottesdiensten in ökumenischer Perspektive festhalten, dass sich offensichtlich – gerade bei ökumenischen Gottesdiensten – eine Art Grund-Feiergestalt ausmachen lässt, bestehend aus: Eröffnung, Christus-Anrufung, Schriftverkündigung, anamnetisch-epikletischem Gebet, Zeichenhandlung, Erneuerung des Taufbekenntnisses, Fürbitten, Vater unser, Segen.

Kehren wir also zu unserer Eingangsfrage zurück: Sind ökumenische Wort-Gottes-Feiern „nur" Wortgottesdienste? Festzuhalten ist, dass das Ziel jeglicher ökumenischer Bemühung die volle Einheit der Kirche ist, die sich auch in der gemeinsamen Feier der Eucharistie ausdrückt. Von dieser Feier der Eucharistie sagt das II. Vatikanische Konzil, dass sie „Höhepunkt und Quelle" allen Tuns der Kirche ist (SC 10). Aber so wie es in den getrennten Kirchen und kirchlichen Gemeinschaften neben der Eucharistiefeier auch nicht-eucharistische Gottesdienste gibt, die eine hohe Wertschätzung erfahren (vgl. SC 12f.), so hat auch das gemeinsame ökumenische Gebet im Rahmen einer Wort-Gottes-Feier eine eigene theologische Dignität, die nicht als defizitäre Feierform angesehen werden darf. Vielmehr gilt gerade für ökumenische Wort-Gottes-Feiern: „Das Gebet, die Gemeinschaft im Gebet, lässt uns immer die Wahrheit der Worte aus dem Evangelium wiederfinden [...]."[17] Sodass sich für die getrennten Christen hoffnungsvoll sagen lässt: „Eben weil sie voneinander getrennt sind, vereinen sie sich mit umso größerer Hoffnung in Christus und vertrauen ihm die Zukunft ihrer Einheit und ihrer Gemeinschaft an."[18]

Formen und Strukturen

Birgit Jeggle-Merz

Wortgottesdienst: „colloquium inter Deum et hominem" (DV 25) in vielfältiger Gestalt und Ausprägung

Seit das Zweite Vatikanische Konzil die grundlegende Bedeutung des Wortes in der Liturgie herausgestellt hat – denn es ist Gott selbst, der im Wort der Schrift in der Liturgie zu seinem Volk spricht (SC 7) –, ist die Kirche zu dem Grundprinzip zurückgekehrt, nach dem es keinen Gottesdienst gibt ohne Wortverkündigung.[1] Das Wort Gottes bildet die Grunddimension jeder gottesdienstlichen Handlung, so dass keine Liturgie ohne Verkündigung ist (denn der Glaube kommt vom Hören) und kein Gebet formuliert wird – genauer: formuliert werden muss – ohne glaubensstärkendes Hören des Wortes Gottes. Kirche ist ihrem neutestamentlichen Grundverständnis nach hörende Kirche, die das Wort, das ihr verkündigt worden ist, ihrerseits weiterverkündigt.[2] Ein herausragender Ort dieser Verkündigung ist der Gottesdienst, in dem es gerade nicht um Lehre/Katechese oder Informationen geht, sondern grundlegend um das Gestaltwerden des Wortes in der Liturgie.[3] Nicht etwas einst Gesagtes wird schlicht wiederholt, sondern hier und jetzt ergeht Gottes Wort durch jene, die es sprechen, an jene, die es hören. Seine Mahnung, sein Trost, seine Belehrung und seine Weisung spricht Gott so den Menschen zu in den Lebenssituationen, in denen sie stehen.[4] Analog zu den sakramentlichen Feiern ist Wort-Gottesdienst – also das Gestaltwerden des Wortes Gottes in der Liturgie – als ein personales Geschehen, ja: als ein „Begegnungsereignis"[5] zu verstehen, das durchaus unterschiedliche Formen in der Gestaltung annehmen kann. Jeder möglichen Form von Wort-Gottesdienst gemeinsam ist das Hören und das Verweilen beim Wort und dann erst der Versuch, die Anfragen, den

Dank und das Lob, kurz: all das, was das Wort Gottes bewirkt und auslöst, ins Gebet(swort) zu bringen. Die Konstitution Dei Verbum des Zweiten Vatikanischen Konzils verwendet für diesen Zusammenhang die Metapher des „Gesprächs": „colloquium inter Deum et hominem" (DV 25). Gott führt mit der Kirche ein ununterbrochenes Gespräch (vgl. auch DV 8 und 21), bei dem es wie bei jedem guten Gespräch nicht um Informationsaustausch geht, „sondern weit darüber hinaus um eine im wechselseitigen Reden und Hören gelebte Beziehung".[6]
Im Grunde genommen ist daher jeder Gottesdienst Wort-Gottesdienst, jede Feier der Eucharistie, jede Bischofsweihe, jede Form der Tagzeitenliturgie, jede Rosenkranzandacht. Im Rahmen der folgenden Überlegungen sollen jedoch nur jene Formen von Wort-Gottesdienst in den Blick genommen werden, in deren Zentrum das Gestaltwerden des Wortes Gottes steht.

1. „Wort-Gottes-Feier" an Sonn- und Festtagen

Das 2004 erschienene Buch „Wort-Gottes-Feier" ordnet die in den Diözesen des deutschen Sprachgebietes recht unterschiedliche Gestalt von Wort-Gottes-Feiern an Sonn- und Festtagen.[7] Die Bischöfe bedenken mit diesem neuen liturgischen Buch, das als „Werkbuch" firmiert, die immer häufiger gegebene Situation, dass eine Gemeinde am Sonntag aufgrund eines fehlenden priesterlichen Vorstehers nicht Eucharistie feiern kann. Dieser Umstand ist höchst bedenklich, denn wenn Kirche sich nicht mehr in all ihren Ortsgemeinden zur sonntäglichen Eucharistie versammeln kann, so berührt das den Lebensnerv der ganzen Kirche. Der Sonntag als der Ur-Feiertag ist das wöchentliche Osterfest der Kirche, „Quelle und Höhepunkt des ganzen christlichen Lebens" (LG 11, SC 10) und so Orientierungspunkt der ganzen christlichen Existenz. Die Versammlung der Christen am Sonntag ist daher nicht beliebig und ersetzbar: Der Sonntag nimmt in das Reich Gottes hinein, welches die Zeit „dieser Welt" überschreitet. Während die sechs Tage der Woche für die von Leid und Tod geprägte Weltzeit stehen, deutet der Sonntag auf die Vollendung der Zeit in der Zeit Gottes hin. So schenkt die Versammlung zur Eucharistiefeier am Sonntag bereits Anteil an der endzeitlichen Versammlung der Kirche im Reich Gottes beim Kommen Christi. Diese Ausführungen verdeutlichen, dass die Feier der Eucharistie am Sonntag im Grunde unverzichtbar ist. Wenn dennoch nicht Eucharistie gefeiert werden kann, dann ist es Aufgabe der Christen am Tag des Herrn, sich als Gemeinde Christi zu versammeln, um miteinander das Wort Gottes zu hören und anbetend vor Gott zu treten (vgl. SC 106). Das liturgische Buch „Die Wort-Gottes-Feier“ an Sonn- und Festtagen lehnt sich in seiner Gestalt zunächst ganz an den Wortgottesdienstteil der sonntäglichen Eucharistiefeier an, um so den Anschluss der Ortsgemeinde an das Tun der Gesamtkirche zu ermöglichen. Die Verkündigung der Schrift gliedert sich wie an Sonntagen gewohnt in alttestamentliche Lesung, neutestamentliche Epistellesung und Evangelienlesung. Hinzu tritt noch die Psalmlesung, die nicht als „Zwischengesang“ zu verstehen ist, sondern als Verkündigung aus der Schrift.[8] Text folgt jedoch nicht auf Text, so dass man meinen könnte, es handele sich um eine „Vorlesestunde“, sondern die Textverlesung – besser: die Verkündigung des Wortes Gottes – ist eingebettet in eine „rituelle Inszenierung“.[9] Da ist zunächst der Ort, an dem die Verkündigung des Wortes Gottes geschieht: der Ambo als symbolischer Ort für die Gegenwart Gottes im Wort. Den Dienst der Verkündigung vollziehen in der Regel für diesen Dienst beauftragte Lektoren und Lektorinnen, Kantoren und Kantorinnen und ein Diakon, die sich als Stimme Gottes zur Verfügung stellen und als Zeugen für das Bezeugte einstehen. Die Lesung aus dem Evangelium erfährt die auffälligste rituelle Inszenierung, denn ihr geht eine rituelle Prozession mit dem Evangelienbuch voran, die die Epiphanie Christi in seinem Wort aufscheinen lässt. Christus wird daher mit dem Halleluja akklamiert, d.h. er wird als der eschatologische Herrscher anerkannt (vgl. Offb 19,6f.). Christus, dessen Wort im Evangelium erklingt, wird vor und nach der Verkündigung entsprechend akklamiert: „Ehre sei dir, o Herr“ – „Lob sei dir Christus“. Kerzen und Weihrauch sowie die Bekreuzigung sind weitere Akzente. Auch die anderen Lesungen werden durch die Akklamation der Kenntnisnahme „Dank sei Gott“ als Wort Gottes anerkannt. Schlussendlich zeigt auch die Form der Verlesung, dass es hier nicht um eine Vorlesestunde geht:

Die Kantillation kennzeichnet das Verlesene als Gottes Wort.
„Verkündigung“ ist demnach ein tief symbolisches Geschehen, das Begegnung zwischen Gemeinde und Gott durch die Realpräsenz Christi in seinem Wort intendiert; es handelt sich also um einen anamnetischen Akt, bei dem das Wort gleichsam sakramentale Wirkung erzielt.[10] Wer sich diesem Wort Gottes als gläubiger Mensch stellt, erwartet Betroffenheit, Veränderung, ja Wandlung, denn im menschlichen Wort der Verkündigung wird der Hörer mit Gottes eigenem Wort konfrontiert, mit dem Wort, das die Wahrheit über den Menschen aufdeckt und mittels dessen der Heilige Geist die Wirklichkeit des neuen Menschen schafft.[11] Dieser Wirklichkeit des neuen Menschen gebührt es gerade am Wochenostern, am Sonntag also, Gott erinnernd-bekennend zu gedenken: Die „Wort-Gottes-Feier“ an Sonn- und Festtagen sieht daher einen ausgefalteten Antwortteil vor, in dem das Lob Gottes nicht nur verbal im Gebetswort, sondern auch in unterschiedlichen Zeichenhandlungen (z.B. Taufgedächtnis, Lichtdanksagung, Weihrauch-Spende, Benediktionen) zum Ausdruck kommen kann. Als liturgiegeschichtlich junges Element[12] begegnet hier ein durch Akklamationen strukturierter sonn(fest-)täglicher Lobpreis in sieben verschiedenen Formularen, konzipiert als Lobpreis und Danksagung für den Sonntag oder für Gottes heilvolles Wirken in der Geschichte mit den Menschen. Dieses Lobgebet mündet nicht, wie liturgisches Beten erwarten lässt, in eine ausdrückliche Doxologie als Gebetsschluss, sondern in den von der versammelten Gottesdienstgemeinschaft gesungenen Gloria-Hymnus, an dessen Stelle in der Advents- und Österlichen Bußzeit ein kleiner hymnischer Vers steht. Man wollte hier wohl jeder Gefahr der Verwechselung mit einem anamnetisch-epikletischen Hochgebet vorgreifen; doch ob dieser „Kunstgriff“ sich bewährt, wird erst die Praxis zeigen.

2. Die Feier des Wortes Gottes an Wochentagen

Ist die Liturgie des Sonntags die Eucharistie, so ist der tägliche Gottesdienst der Kirche die Tagzeitenliturgie mit den Kardinalhoren Laudes und Vesper. Die katholische Kirche hat im Zuge des Zweiten Vatikani-

schen Konzils versucht, das Stundengebet, das über lange Jahrhunderte mehr als jede andere liturgische Handlung als eigentliche Klerusliturgie verstanden wurde, als das Gebet, richtiger: als Liturgie der Tagzeiten der ganzen Gemeinde wiederzubeleben. Man muss konstatieren: Dies ist nicht gelungen. Das Ideal des täglichen Gottesdienstes ist immer noch die Feier der Eucharistie, das in vielen Gemeinden und von vielen Christen erst in Frage gestellt wird, wenn aufgrund des Priestermangels nicht überall täglich Eucharistie gefeiert werden kann. So erscheint auch eine werktägliche Wort-Gottes-Feier – fälschlicherweise – nur als Ersatz für eine Eucharistiefeier, die nicht stattfinden kann.
An jedem Tag der Woche ist es dem Gläubigen aufgetragen, in die Gegenwart Gottes einzutreten und anbetend vor ihm zu stehen. Die naheliegendste Form dafür ist das Hören auf Gottes Wort in der Lesung der Schrift, die ja alles andere als ein Rezitieren frommer Texte ist, sondern Vergegenwärtigung und damit Erneuerung des Heilshandelns Gottes an uns. Somit geht es Tag für Tag um die als wirksam und wirkmächtig erfahrbare Gegenwart Gottes im je konkreten Leben. Als gottesdienstliche Ausgestaltungen dieser Grunddynamik sind denkbar: Laudes und Vesper, Andachten oder eben auch Wort-Gottes-Feiern.
Wie kann, wie soll die Feiergestalt für diese tägliche Wort-Gottes-Feier aussehen? Anders als am Sonntag, wo der Anschluss der Gemeinde an das Tun der Gesamtkirche gesucht wird und daher eine bestimmte Form der Wort-Gottes-Feier sich nahelegt, steht im Vordergrund jeder werktäglichen Wort-Gottes-Feier das schlichte gottesdienstliche Grundprinzip von Hören und Antworten, von katabatisch-soteriologischem und anabatisch-latreutischem Handeln in Wort (und Geste). D.h.: Ein (Wort-)Gottesdienst ist (schon) dann gegeben, wenn Menschen sich versammeln, um sich bewusst in die Nähe Gottes zu stellen, auf ihn zu hören und ihn – antwortend – anzusprechen. Diese „Kernzelle Gottesdienst“ kann je unterschiedlich gefüllt und angereichert werden, nicht per se muss eine Wort-Gottes-Feier die Gestalt des wortgottesdienstlichen Teils der Eucharistiefeier annehmen. Einige Beispiele: Aus der schlichten Lesung einer Perikope wird die Lesung eines längeren Abschnittes aus der Heiligen Schrift, die am nächsten Tag fortgesetzt wird; oder: Auf das Verlesen eines biblischen Abschnittes folgt eine längere

Zeit der Stille, die das Meditieren im Sinne der mönchischen ruminatio, des Wiederkäuens von Gottes Wort, ermöglicht; oder (eine Variante dieser ruminatio): Kurze ausgewählte Abschnitte aus der Schrift werden in meditativer Weise immer wiederholt, so dass sie sich ins Herz der Menschen einprägen; oder: Der Lesung aus der Schrift folgt die Lesung aus den Schriften der Kirchenväter, die eröffnet, was Christen längst vergangener Tage aus dem Wort Gottes hörten, an deren Gedanken wir heute Lebenden uns vielleicht anlehnen können; auch an eine Verbindung von Lesung und Lyrik kann gedacht werden. Immer steht im Zentrum des gottesdienstlichen Geschehens Gott selbst, der im Medium des menschlichen Wortes selbst zu den Menschen kommen will und auf Antwort wartet. „Entsprechend dienen auch die Gebetsworte nicht der Information Gottes oder der Menschen, sondern sind Ausdruck der Glaubenserfahrung, der Gottessehnsucht und des Vertrauens auf Gottes Beistand.“[13]

Ungeachtet aller Freiheit in der Form, die sich aus der Kernzelle Gottesdienst ergibt, darf die Gestalt des Gottesdienstes – auch der Wort-Gottes-Feier an Werktagen – nicht immer neu und jeden Tag anders sein. Jedenfalls auf Dauer nicht. Gottesdienst lebt geradezu auch davon, dass sich der Einzelne von Vertrautem tragen lassen kann. In unserer derzeitigen Situation, in der unsere Vorstellung von (Wort-)Gottesdienst noch so sehr durch den wortgottesdienstlichen Teil der Eucharistiefeier geprägt ist, erscheint es notwendig, auf dem Feld der werktäglichen Wort-Gottes-Feiern über die Form des wortgottesdienstlichen Teils der Messfeier hinaus zu experimentieren, d.h. eine Gestalt resp. Gestalten zu suchen, in denen das Wort Gottes im gottesdienstlichen Geschehen lebendig werden kann.

3. „Anamnetische“ – „Didaktische“ – „Parakletische“ Formen von Wortgottesdienst

Unseren bisherigen Überlegungen lag die Prämisse zugrunde, dass die Funktion des Wortgottesdienstes in erster Linie eine anamnetische ist: Die Schriftlesung und die Predigt haben die Funktion, „als Medium der

Vergegenwärtigung der in der Schrift gespeicherten kanonischen Geschichte zu dienen".[14] Dieser Zusammenhang lässt sich programmatisch an den zentralen Feiern im Kirchenjahr ablesen: Die Vigilfeier der Osternacht macht geradezu einen Gang durch die ganze Heilsgeschichte, um im Feiergeschehen proklamierend gegenwärtig zu setzen, wie Gott sein Heil an den Menschen wirkt. So wird deutlich, dass die Heilige Schrift „Teil einer dynamischen, geschichtlich offenen Beziehung zwischen Gott und seinem Volk"[15] ist, die neue Begegnungen ermöglicht, gerade weil die Begegnung Gottes mit seinem Volk in der Geschichte festgehalten wird. Da diese anamnetische Funktion der Grunddimension von Gottesdienst entspricht, kommt ihr herausragende Bedeutung zu.

Doch kann ein Wortgottesdienst auch eine andere, wenn auch der anamnetischen untergeordnete Funktion einnehmen: nämlich eine didaktische und/oder eine parakletische Funktion.[16]

Unter einem „didaktischen Wortgottesdienst" ist eine spezielle Form von Wortgottesdienst zu verstehen, bei der es um das Kennenlernen der Schrift geht. Hier liegt der Akzent der gottesdienstlichen Handlung auf der Hinführung zum Inhalt der Schrift. Anders als bei einer „Bibelstunde", die auch in die Schrift einführen will, ist jedoch ein gottesdienstliches „Setting" offen(er) dafür, sich von Gottes Wort berühren zu lassen, dem Gott der Bibel wirklich zu begegnen. Denn auch hier geht es ja keineswegs nur um Informationen oder um Lernen von Inhalten, sondern um ein Bereitmachen für die Erfahrung mit Gott selbst. Anders als bei einer Wort-Gottes-Feier im herkömmlichen Verständnis muss ein solch didaktischer Wortgottesdienst nicht unbedingt auf ein ausgewogenes Verhältnis von Hören und Antworten achten. Das Schwergewicht liegt hier auf dem Hinführen zum Hören und auf dem Verweilen beim Wort.

Ähnlich verhält es sich bei einem „parakletischen Wortgottesdienst": Hier ist die Schrift und ihre gottesdienstliche Verlesung Quelle der Weisung für die christliche Lebensführung. Dem gottesdienstlichen Geschehen ist eine einzigartige Dimension eigen, die ein Begegnungsgeschehen zwischen Gott und Mensch nicht nur als Möglichkeit denkt, sondern geradezu beabsichtigt und so den Rahmen dafür schafft. Es ist ein großer Unterschied, ob Gesetze der christlichen Lebensführung theoretisch grundgelegt werden – unbenommen dessen, dass auch eine solche Unterweisung überzeugend und treffend geschehen kann – oder ob sie aus der Begegnung mit Gott im Wort der Schrift je persönlich erschlossen und ins Gebetswort gebracht werden können.[17]

4. Wortgottesdienste für Ungeübte

In ihrem pastoralen Schreiben „Mitte und Höhepunkt des ganzen Lebens der christlichen Gemeinde" verweisen die deutschen Bischöfe mehrmals auf die Notwendigkeit von offeneren Formen des Gottesdienstes: „Immer mehr Menschen haben keine gottesdienstlichen Grunderfahrungen, an die sie in Stunden der Krise oder der Sinnsuche anknüpfen können. Deshalb reicht es heute häufig nicht mehr, wenn wir sie einladen, an den großen Gottesdiensten unserer Tradition teilzunehmen."[18] (Liturgie und) Gottesdienst zu feiern mit Nichtgläubigen und dennoch (Sinn-)Suchenden, wird mehr und mehr als Aufgabe der Kirche gesehen. Dabei geht es nicht so sehr im klassischen Sinn um „Missionierung", sondern zunächst um eine schlichte Einladung, sich dem Gott der Bibel im Medium des Gottesdienstfeierns zu nähern. Seit eh und je schon ist der Gottesdienst der Kirche der Lernort des Glaubens, gerade weil hier nicht nur über Glauben doziert oder der Glaube erklärt wird, sondern weil hier Erfahrungsräume mit dem Gott des Glaubens eröffnet werden, die in dieser Dichte sich sonst kaum bieten (vgl. SC 7). In diesem Sinn hilft der Gottesdienst der Kirche, in den Glauben einzuüben. Liturgie und Glaube stehen dabei in einem Wechselverhältnis.

Auch hier stellt sich die Frage nach der Gestalt eines solchen „Wortgottesdienstes für Ungeübte": Schon von der Sache her baut er auf der gleichen Kernzelle auf wie jede andere gottesdienstliche Handlung auch: Hören und Antworten, das ist die unverzichtbare Grunddynamik. Während jedoch in allen Feiern, die den Ehrentitel „Liturgie" als Gottesdienst der Kirche tragen, ein feines Gleichgewicht zwischen der katabatischen und der anabatischen Dimension besteht, so darf und muss ein

„Wortgottesdienst für Ungeübte“ das Schwergewicht dem Hören geben: Es ist Gott selbst, der immer wieder auf die Menschen zugeht und sie anspricht, weil er ihr Heil will (vgl. Hebr 1). „Offene Gottesdienste“ und „Wortgottesdienste für Ungeübte“ inszenieren in diesem Sinn die tiefere Botschaft der Schrift: So ist Gott![19] Sie eröffnen die Möglichkeit, diesen Gott kennen zu lernen und sein Angebot nach Begegnung zu erwägen. Daher sind sie offen für Antworten, für Gebete, für Handlungen, die Gott als den anerkennen, der er ist.

Ein Phänomen unserer Zeit verschärft sich bei der Frage nach gottesdienstlichen Feiern für „Ungeübte“: „Viele erwarten von der Kirche liturgische ‚Angebote‘, die sie ohne persönliche Bindung nutzen wollen.[20] Sie nähern sich damit auch der Liturgie wie Konsumenten, die zwar etwas von der Kirche wollen, nicht aber selbst mit allen Konsequenzen Kirche sein wollen.“ Wie damit umgehen, wo doch Gottesdienst mit dem Menschen rechnet, der sich von der Botschaft Gottes in den Dienst nehmen lassen möchte? Es zeigt sich, dass die Tradition der Kirche kaum gottesdienstliche Feiern bereithält, die dieser Situation entsprechen. Insbesondere die sieben Sakramente, aber auch andere sakramentliche Feiern, wie z.B. Segensfeiern, setzen den Glauben voraus (SC 59) und lassen sich in ihrer Gestalt ohne Verlust ihres Gehaltes nicht ohne weiteres umgestalten. „Es ist daher ein dringendes Gebot, mutig alternative, präkatechumenale oder katechumenale Feierformen zu entwickeln.“[21] Da sich „neue“, andere Gottesdienstformen jedoch nur schwer am Schreibtisch kreieren lassen, braucht es Freiheit zu Projekten, in denen Experimente erlaubt sind, bei denen Kritik erwünscht ist und die Ungewohntes wagen.

Gott führt mit den Menschen ein unaufhörliches Gespräch, so stellt „Dei Verbum“ heraus. Ein Gespräch, dass in sich selbst ein kreativer Prozess ist aus Hören und Antworten. Während die Kirchenväter des Ostens und des Westens noch beredtes Zeugnis für das Wissen von der Gegenwart Gottes in der Heiligen Schrift und für die Lebendigkeit des Glaubens an eine wirkliche und wirksame Christusbegegnung im Wort geben,[22] muss sich die Kirche der Gegenwart dieser Dimension erst mühevoll erinnern. Aus diesem Grund tut sie sich trotz aller Lippenbekenntnisse schwer damit, Wortgottesdiensten, Wort-Gottes-Feiern, Gottesdiensten also, die die Gestaltwerdung des Wortes Gottes ins Zentrum des Geschehens stellen, Bedeutung beizumessen. Überlegungen zur Intertextualität,[23] zur Rezeptionsästhetik[24] und zur Einheit der Schrift,[25] die mittlerweile auch in den liturgietheologischen Diskurs Eingang gefunden haben, werden gepaart mit Erfahrungen gelungener Wort-Feiern zur Wiedergewinnung der Wortdimension als grundlegender „Speise“ des Christen und der Kirche.

Reiner Kaczynski

Leitung der Wort-Gottes-Feier und Leitungskompetenz

Um die Frage der Leitung von Wort-Gottes-Feiern angemessen behandeln zu können, ist es nötig, sie in einem größeren Zusammenhang zu bedenken, sich vor allem die Entdeckung und erste Entwicklung des damals sogenannten „selbständigen Wortgottesdienstes" als eines von Diakonen oder Laien geleiteten Sonntagsgottesdienstes bei Abwesenheit eines Priesters vor Augen zu führen. Man kann bei dieser Entwicklung drei Phasen erkennen und muss unterscheiden zwischen der durch Rom gelenkten Entwicklung im Hinblick auf grundsätzlich alle Kirchen des römischen Ritus und der weitgehend von den römischen Vorgaben abweichenden Entwicklung in verschiedenen Ländern oder Sprachgebieten innerhalb des römischen Ritus, wobei hier vor allem das deutsche Sprachgebiet interessiert und allein in den Blick genommen werden soll.
Folgende drei Phasen sollen unterschieden werden:

- zunächst (1.) für den ganzen römischen Ritus der Zeitraum von der Einführung des damals sogenannten „selbständigen Wortgottesdienstes" durch das Zweite Vatikanische Konzil (4. Dezember 1963) bis zum Erscheinen des Direktoriums der Gottesdienstkongregation „für sonntägliche Gemeindegottesdienste ohne Priester" (2. Juni 1988);
- sodann (2.) für das deutsche Sprachgebiet die Zeit von der Einführung der regelmäßigen Kommunionspendung in Verbindung mit dem sonntäglichen Wortgottesdienst, die „Kommunionfeier" (30. April 1965), bis ebenfalls ungefähr zur Veröffentlichung des genannten Direktoriums (2. Juni 1988);
- schließlich (3.) ebenfalls für das deutsche Sprachgebiet die Zeit ungefähr seit der Veröffentlichung dieses Direktoriums (2. Juni 1988); diese Phase dauert seither an.

Im Folgenden sollen diese drei Entwicklungsphasen hinsichtlich ihrer entscheidenden Schritte in drei Abschnitten nacheinander dargelegt werden, bevor einige wichtige Aussagen über die Leitungskompetenzen für Wort-Gottes-Feier und Kommunionfeier angeschlossen werden.

1. Von der Einführung des „selbständigen Wortgottesdienstes" bis zum Direktorium für sonntägliche Gemeindegottesdienste ohne Priester

Kurz nach Beginn des Zweiten Vatikanischen Konzils, nämlich in der 8. Generalkongregation am 27. Oktober 1962, haben zwei argentinische Konzilsväter, die Bischöfe Jorge Kémérer von Posadas[1] und Alberto Devoto von Goya,[2] darum gebeten, zwischen den zweiten und dritten Absatz von Art. 35 des Schemas der Liturgiekonstitution einen neuen Absatz einzufügen. Er sollte die Förderung eigener Wortgottesdienste am Vorabend von Sonn- und Feiertagen, an den Werktagen in Advent und Quadragesima, in Regionen mit Priestermangel auch für Sonn- und Feiertage thematisieren. Beide Bischöfe gaben ernst zu nehmende Gründe für die Hinzufügung an: Bischof Kémérer sagte, diese Wortliturgie habe es von alters her gegeben und sie sei ein wirksames, eigentlich das einzige Mittel zur Belehrung der Gläubigen gewesen. Heute aber gibt es vielerorts, besonders in den Missionsländern und in Südamerika, nur wenige Priester, und daher hören Christen nur sehr selten etwas, bisweilen sogar über Jahre hinweg nichts über Gott, über das Heil des Menschen und das Ziel seines Lebens.[3] Ähnlich äußerte sich Bischof Devoto.[4] Der Antrag, Art. 35 des Schemas der Liturgiekonstituion zu ergänzen, ist von der konziliaren Liturgiekommission befürwortet, ohne wesentliche Änderungen empfehlend dem Konzilsplenum vorgelegt und von diesem mit 1903 (gegen 38) Stimmen angenommen worden. Infolgedessen wurde in der Liturgiekonstitution „Sacrosanctum Concilium" als Abs. 4 dem Art. 35 hinzugefügt: „Zu fördern sind eigene Wortgottesdienste an den Vorabenden der höheren Feste, an Wochentagen im Advent oder in der Quadragesima sowie an den Sonn- und Feiertagen, besonders da, wo kein Priester zur Verfügung steht; in diesem Fall soll ein Diakon oder ein anderer Beauftragter des Bischofs die Feier leiten."

Damit griffen die Konzilsväter auf, was Josef Andreas Jungmann 23 Jahre zuvor wiederentdeckt, im Kapitel „Das liturgische Grundschema" seiner Schrift „Die liturgische Feier. Grundsätzliches und Geschichtliches über Formgesetze der Liturgie"[5] veröffentlicht hatte und was bis heute Geltung hat. „Dieses Grundschema, das seit dem 3. und 4. Jahrhundert ganz deutlich die liturgischen Erscheinungen beherrscht, lautet: Man beginnt mit einer Lesung; auf die Lesung folgt Gesang; den Abschluss bildet das Gebet, und dieses Gebet selber ist wieder meist in zwei Stufen aufgebaut: zuerst Gebet des Volkes, dann Gebet des Priesters."[6] Jungmann sieht „darin ein tieferes Gesetz wirksam ..., das dem Wesen der Kirche entspricht und das sich in ihren Versammlungen mit großer Deutlichkeit auswirkt".[7]

Angesichts dieser weitgehend offenen Form der in Aussicht genommenen Wortgottesdienste konnte sich die Erste Instruktion zur ordnungsgemäßen Durchführung der Liturgiekonstitution vom 26. September 1964 in ihren Ausführungsbestimmungen zu SC 35,4 kurzfassen. Die Artikel 37–39 der Instruktion lauten:

„37. Wo kein Priester zur Verfügung steht, soll an Sonntagen und an gebotenen Feiertagen, wenn keine Möglichkeit gegeben ist, die Messe zu feiern, nach dem Urteil des Ortsordinarius die Feier von Wortgottesdiensten gefördert werden. Sie sollen von einem Diakon oder auch von einem dazu beauftragten Laien geleitet werden. Dieser Wortgottesdienst habe in etwa die Form eines Wortgottesdienstes in der Messe: Im Allgemeinen lese man, und zwar in der Muttersprache, die Epistel und das Evangelium der Tagesmesse. Gesänge, besonders aus den Psalmen, sollen vorausgehen und eingeschaltet werden. Ist der Leiter ein Diakon, so halte er eine Homilie. Wenn er nicht Diakon ist, so verlese er eine vom Bischof oder vom Pfarrer bezeichnete Homilie. Die ganze Feier schließe mit dem ‚Allgemeinen Gebet' oder dem ‚Gebet der Gläubigen' und mit dem Gebet des Herrn.

38. Es empfiehlt sich, auch die Wortgottesdienste, die an den Vorabenden höherer Feste, an einigen Wochentagen des Advents und der Fastenzeit sowie an Sonntagen und Feiertagen zu fördern sind, nach der Art des Wortgottesdienstes der Messe zu gestalten; es steht jedoch nichts im Wege, nur eine einzige Lesung vorzutragen.

Mehrere Lesungen sind so anzuordnen, daß die Heilsgeschichte klar hervortritt. Daher soll die alttestamentliche Lesung im allgemeinen der neutestamentlichen vorausgehen und die Lesung des heiligen Evangeliums den Höhepunkt bilden.
39. Den liturgischen Kommissionen der einzelnen Diözesen obliegt es, geeignete Hilfsmittel anzugeben und bereitzustellen, damit diese Wortgottesdienste würdig und fromm gefeiert werden können."[8]

2. Von der Einführung der Kommunionfeier in Verbindung mit dem sonntäglichen Wortgottesdienst bis zum Direktorium für sonntägliche Gemeindegottesdienste ohne Priester

Da mit den Wortgottesdiensten sehr bald nach ihrer Einführung (1965) – ausgehend von Deutschland – der Kommunionempfang verbunden wurde, ist in diesem Zusammenhang die bis heute – wenn auch nicht regelmäßig – übliche Spendung der Eucharistie zu bedenken.[9] Die für die Ordnung der Wortgottesdienste klugerweise bestehende Freiheit hatte noch nicht bewirkt, dass diese Gottesdienste dort, wo sie an Sonn- und Festtagen gefeiert wurden, besonders in jenen Gemeinden, die bisher gewohnt waren, allsonntäglich die Eucharistie zu feiern, sofort volkstümlich geworden wären. Dazu war vielmehr eine weitere Änderung der kirchlichen Ordnung nötig. Es musste ganz allgemein, und nicht nur für die Missionsgegenden, die Möglichkeit gegeben werden, dass die Eucharistie auch in liturgischen Feiern, denen weder ein Priester noch ein Diakon vorstehen kann, gespendet werden darf. Dazu gaben CIC 1917, can. 853, und CIC 1983, can. 912, die rechtliche Grundlage: „Jeder Getaufte, der rechtlich nicht daran gehindert ist, kann und muss zur heiligen Kommunion zugelassen werden."
Am 30. April 1965 erhielt die Berliner Ordinarienkonferenz als erste Bischofskonferenz Europas für ein Jahr die Erlaubnis, in ihrem Bereich bei Gottesdiensten, die nicht von Priestern oder Diakonen geleitet werden, die Eucharistie durch geeignete männliche Laien spenden zu lassen. Diese Erlaubnis wurde auf immer weitere Teile der Kirche ausgedehnt. Die – inzwischen auch weiblichen – Laien, die zur Kommuni-

onspendung beauftragt waren, fassten dies immer mehr als nicht rein presbyteralen oder diakonalen, sondern als einen „sazerdotalen“ Dienst auf, den zu leisten jedes Glied des priesterlichen Volkes Gottes grundsätzlich befähigt ist.

Am 29. Januar 1973 brachte die Instruktion der Sakramentenkongregation „Immensae caritatis“ die definitive Regelung für die ganze Kirche:[10] Laien sollten bei der Spendung der Eucharistie außerhalb der Messfeier dem im römischen Rituale beschriebenen Ritus folgen. Das liturgische Buch für das deutsche Sprachgebiet, das den erneuerten Modellritus für die Kommunionspendung außerhalb der Messfeier enthält, gibt es noch immer nur als Studienausgabe. Dem Erfahrungsbericht über diese Gottesdienste in der damaligen DDR ist Folgendes zu entnehmen:

Während sich vor der Erlaubnis zur Kommunionspendung durch Laien bei den sonntäglichen Wortgottesdiensten nur wenige Teilnehmende versammelten, gelang es durch die Verbindung von Wortgottesdienst und Kommunionfeier, allsonntäglich immer mehr Gläubige zum Gottesdienst zusammenzuführen. Der eindeutige Wunsch der Gläubigen war es, Christus am Sonntag im Wort und im Sakrament zu begegnen.[11]

Diese Erfahrungen haben bewirkt, dass später die Gemeinsame Synode der Bistümer in der Bundesrepublik Deutschland die Diözesanbischöfe darum gebeten hat, „ausdrücklich (zu) empfehlen, dass ein Diakon oder Laie am Sonntag einen Wort- und Kommuniongottesdienst hält, wo keine Eucharistiefeier sein kann“.[12] Ebenfalls enthält das 1975 erschienene Katholische Gebet- und Gesangbuch „Gotteslob“ eine Kommunionfeier, zu der einleitend gesagt wird: „Die christliche Gemeinde lebt von der sonntäglichen Versammlung. Wenn in dieser nicht die Eucharistie gefeiert werden kann, soll eine Kommunionfeier gehalten werden.“[13] Auch Kranken soll am Sonntag die Eucharistie gebracht werden. Dazu ist eine entsprechend hohe Zahl von Kommunionhelfern und -helferinnen nötig.

Das Direktorium für „Sonntägliche Gemeindegottesdienste ohne Priester“ vom 2. Juni 1988 ist die derzeit letzte römische Äußerung zu diesen Gottesdiensten. Darin wird die Sonntagsfeier ausführlich, mit Hinweisen vor allem auf patristische Quellen, begründet. Es wird in Art. 6 angesichts der heutigen Situation deutlich gesagt:

„... die Bischöfe (haben) in einigen Teilkirchen ... es für notwendig gehalten, dort, wo kein Priester zur Verfügung steht, andere sonntägliche Feiern einzuführen, damit auf die bestmögliche Weise eine wöchentliche Versammlung der Christen stattfinden kann und die christliche Tradition des Herrentages erhalten bleibt."(Art. 6)[14]

„Auch wenn keine Meßfeier gehalten werden kann, ist zu wünschen, daß den Gläubigen bei den verschiedenen Formen der sonntäglichen Versammlungen die Reichtümer der Heiligen Schrift und des Gebetes der Kirche in reichem Maß dargeboten werden; sie sollen nicht auf die im Laufe des Jahres bei der Meßfeier vorgetragenen Lesungen und auf die Gebete der verschiedenen Zeiten des Kirchenjahres verzichten müssen." (Art. 19)[15]

„Von den verschiedenen Arten der Gottesdienste, die gemäß der liturgischen Überlieferung dann gehalten werden, wenn keine Messe gefeiert werden kann, wird der Wortgottesdienst sehr empfohlen, der passenderweise durch die Kommunion abgeschlossen werden kann." (Art. 20)[16]

Sozusagen als Anhang wurde die Antwort der Päpstlichen Kommission für die authentische Interpretation des CIC vom 20. Februar 1987[17] veröffentlicht: „Kommunionhelfern ist die Kommunionspendung dann untersagt, wenn ordentliche Kommunionspender (Priester oder Diakone) anwesend sind, selbst wenn sie nicht konzelebrieren, es sei denn, sie seien auf irgendeine Weise am Austeilen der Heiligen Kommunion gehindert."[18]

Hinsichtlich der Werktage empfiehlt die Synode außer Abendmessen Meditationsgottesdienste und Gebetsgottesdienste. Außerdem ermuntert sie die Gemeinden, anstelle der bisherigen, jetzt ausfallenden Eucharistiefeiern Wortgottesdienste zu halten, in denen die Kommunion gespendet werden kann. Entsprechende Vorlagen sollen erarbeitet und als Hilfe zur Verfügung gestellt werden.

Ferner weist die Synode nachdrücklich auf die Messfeiern kleiner Gemeinschaften (Gruppenmessen) hin: „Nicht selten eröffnen diese Meßfeiern durch das Erlebnis einer überschaubaren Gemeinschaft einen neuen Zugang zum Verständnis der Eucharistie. Brüderliche Gemeinschaft kann unmittelbar erfahren werden und der Einzelne kann sich bei der Gestaltung aktiv beteiligen. In Stille und Meditation, in Predigt-

gespräch und Glaubenszeugnis wird oft auf überraschende Art und Weise deutlich, daß Gottesdienst auch Dienst Gottes an uns ist, der Freude und Frieden, Geborgenheit und Zuversicht, Hoffnung und Trost schenken will und kann."[19]
Bezüglich der Auslegung des Wortes Gottes außerhalb der Sonntagsmesse, für die die Vorschrift der Homilie besteht, kann man heute leider sehr ernüchtert sein. Im Direktorium für die Erzdiözese München und Freising steht seit Jahrzehnten alljährlich in den einleitenden Bemerkungen zur Quadragesima: „Während der Fastenzeit ist eine tägliche Abendmesse gestattet und empfohlen. Dabei sollte in einer kurzen Homilie auch das Wort Gottes ausgelegt werden."[20] Vermutlich lässt der Begriff „Homilie" viele an eine längere Sonntagspredigt denken, was hier sicher nicht gemeint ist, woraufhin keine Homilie gehalten wird.

3. Vom Direktorium für sonntägliche Gemeindegottesdienste ohne Priester zur Wort-Gottes-Feier

Über die Homilie sagt das Zweite Vatikanische Konzil: „Die Homilie, in der im Laufe des liturgischen Jahres aus dem heiligen Text die Geheimnisse des Glaubens und die Richtlinien für das christliche Leben dargelegt werden, wird als Teil der Liturgie selbst sehr empfohlen. Ganz besonders in den Messen, die an Sonntagen und gebotenen Feiertagen mit dem Volk gefeiert werden, darf man sie nicht ausfallen lassen, es sei denn aus einem schwerwiegenden Grund." (SC 52)
Bis zum Zweiten Vatikanischen Konzil wurde die Auslegung des Wortes Gottes als Aufgabe ausschließlich der Amtsträger verstanden. In der Ersten Instruktion zur Durchführung der Liturgiekonstitution wird erklärt:
„53. An Sonntagen und gebotenen Feiertagen soll in allen Messen, die mit dem Volk gefeiert werden, ... eine Homilie gehalten werden. An gewöhnlichen Tagen wird eine Homilie empfohlen, besonders an gewissen Wochentagen des Advents und der Fastenzeit sowie bei anderen Gelegenheiten, bei denen das Volk zahlreicher zur Kirche kommt.
54. Unter ‚Homilie über einen heiligen Text' wird verstanden: die Erklä-

rung der Schriftlesungen unter einem bestimmten Gesichtspunkt oder die Erklärung eines anderen Textes aus dem Ordinarium oder dem Proprium der Tagesmesse. Dabei kann der Akzent liegen entweder auf dem Mysterium, das gefeiert wird, oder auf den besonderen Bedürfnissen der Hörer.[21]

55. Werden zu gewissen Zeiten für die Messe Predigtreihen vorgesehen, so ist der innere und harmonische Zusammenhang wenigstens mit den Hauptzeiten und -festen des liturgischen Jahres, d.h. mit dem Erlösungsmysterium, zu wahren; denn die Homilie ist ein Teil der Tagesliturgie."[22]

Für die Wort-Gottes-Feiern – damals noch „selbständige Wortgottesdienste" genannt – gelten diese Aussagen der Ersten Instruktion ebenfalls.

Die Vollversammlung der Gemeinsamen Synode der Bistümer in der Bundesrepublik Deutschland hatte am 4. Januar 1973 den Beschluss gefasst, „daß über das Glaubenszeugnis einzelner Christen hinaus geeignete Männer und Frauen mit der Verkündigung im Gottesdienst beauftragt werden. Weil diese Christen aber nicht nur in ihrem eigenen Namen sprechen, sondern im Namen der Kirche öffentlich die Heilige Schrift auslegen und den apostolischen Glauben der Kirche entfalten, ist eine solche Tätigkeit nur durch eine ausdrückliche Beauftragung und unter besonderen Voraussetzungen möglich. Das Zweite Vatikanische Konzil sieht außer der allgemeinen Sendung aller Christen zum Glaubenszeugnis besondere Formen unmittelbarer Mitarbeit mit dem kirchlichen Amt vor, ‚nach Art jener Männer und Frauen, die den Apostel Paulus in der Verkündigung des Evangeliums unterstützten und sich sehr im Herrn mühten' (vgl. Phil 4,3; Röm 16,3ff.). Außerdem haben sie (die Laien) die Befähigung dazu, von der Hierarchie zu gewissen kirchlichen Ämtern (munera) herangezogen zu werden, die geistlichen Zielen dienen" (LG 33).

„Wenn also ein Laie mit der Predigt im Gottesdienst beauftragt wird, geschieht dies in einer besonderen Zuordnung zum kirchlichen Amt, ohne daß der übernommene Verkündigungsdienst ein neues Amt oder der Laie ein Amtsträger würde. Ein solcher Verkündigungsdienst ist Teilhabe am Auftrag des kirchlichen Amtes; er will die Amtsträger in

ihrer Verkündigung unterstützen und sollte darum für einen längeren, gleichwohl befristeten Zeitraum übernommen werden; er ist seiner Natur nach widerruflich."[23]
Anlässlich ihrer Vollversammlung vom 3.–7. März 1974 in Stuttgart-Hohenheim verabschiedete die Deutsche Bischofskonferenz Richtlinien für die Beteiligung der Laien an der Verkündigung in den Diözesen der Bundesrepublik Deutschland.[24]
Kleruskongregation (federführend), Glaubenskongregation, Gottesdienstkongregation und Laienrat waren in Rom mit der Materie „Beteiligung der Laien an der Verkündigung" befasst. Am 22. März 1973 war das Gutachten der Gottesdienstkongregation zu Händen der Kleruskongregation erstellt. Zwei Dinge wollte man dort noch geklärt haben:
1. Was sind „außerordentliche Fälle", in denen ein Laie während der Messe predigen dürfen soll? Diesbezüglich sollte Rücksprache mit Kardinal Döpfner gehalten werden. Dies geschah telefonisch am 28. März 1973.
2. Im Gespräch mit einem Theologieprofessor sollte geklärt werden, ob die Verkündigung während der Messe als eine dem Amtsträger vorbehaltene Handlung betrachtet werden müsse, die gar noch die Weihe voraussetzt. Das Gespräch wurde am 28. März 1973 mit P. Josef Fuchs SJ, Professor für Moraltheologie an der Päpstlichen Universität Gregoriana, geführt.
Auf der Sitzung der Gottesdienstkongregation am 31. März 1973 wurde das positive Votum der Gottesdienstkongregation verabschiedet. Die Kleruskongregation richtete am 20. November 1973 an den Vorsitzenden der Deutschen Bischofskonferenz ein Reskript über die Beauftragung von Laien zur Predigt, das zunächst „ad experimentum" für vier Jahre Geltung haben sollte.[25]
Man hätte zunächst denken können, die Verlängerung des Reskripts sei 1977 – vier Jahre nach dessen Veröffentlichung – vergessen worden. Unter dem Datum des 24. Februar 1988 ist jedoch eine neue „Ordnung des Predigtdienstes von Laien" in Rom veröffentlicht worden, die am 1. Mai 1988 in Kraft trat.[26] Immerhin hat die nach der Gemeinsamen Synode der Bistümer in der Bundesrepublik Deutschland unter dem maßgeblichen Einfluss von Kardinal Julius Döpfner in Rom durchgesetzte

Ordnung für die Laienpredigt elf Jahre Geltung gehabt. Die Änderung der bis 1988 bestehenden Ordnung hat sich der Klerus zum großen Teil selbst zuzuschreiben, denn er hielt sich nicht überall an die Maßgaben des Reskripts der Kleruskongregation vom 20. November 1973. Vielmehr predigten Laien in vielen Gemeinden in den sonntäglichen Eucharistiefeiern in regelmäßiger Abwechslung mit Pfarrern und Kaplänen, obwohl es diesen „physisch und moralisch" durchaus möglich gewesen wäre, selbst zu predigen.

Dies war bereits bei der Einführung der Laienpredigt im Jahr 1973 eine in Rom mehrfach wiederkehrende Frage, ob denn nicht die Gefahr bestünde, dass Priester und Laien in den Sonntagsmessen regelmäßig abwechselnd den Predigtdienst übernehmen würden, wenn nicht klare gegenteilige Richtlinien gegeben seien. Obwohl derartige Richtlinien erlassen waren, hat man sich in vielen Gemeinden nicht daran gehalten. Daher gelang es auch nicht, bei den entscheidungsberechtigten Personen diese Befürchtung als gegenstandslos zu beseitigen.

So wundert es nicht, dass die im Ganzen restriktive Instruktion „Redemptionis Sacramentum" vom 25. März 2004 mit noch klareren Worten gebietet: „Wie schon gesagt, ist die Homilie innerhalb der Messe wegen ihrer Bedeutung und Eigenart dem Priester oder Diakon vorbehalten. Was andere Formen der Predigt betrifft, können christgläubige Laien, wenn es aufgrund einer Notlage in bestimmten Umständen erforderlich oder in besonderen Fällen nützlich ist, nach Maßgabe des Rechts zur Predigt in einer Kirche oder in einem Oratorium außerhalb der Messe zugelassen werden. Dies darf aber nur geschehen aufgrund eines Mangels an geistlichen Amtsträgern in bestimmten Gebieten und um diese ersatzweise zu vertreten; man kann aber nicht einen absoluten Sonderfall zur Regel machen und man darf dies nicht als authentische Förderung der Laien verstehen. Zudem sollen alle bedenken, dass die Befugnis, dies zu erlauben, und zwar immer ad actum, den Ortsordinarien zukommt, nicht aber anderen, auch nicht den Priestern oder den Diakonen."[27]

Der Gegensatz zu den früheren Richtlinien wird besonders deutlich durch den letzten Satz, mit dem vom Ortsordinarius verlangt wird, die Erlaubnis zu einer Predigt in einer Kirche oder in einem Oratorium au-

ßerhalb der Messe einem Laien immer nur ad actum zu geben. Diese Regelung bleibt nicht selten unbeachtet; aber es gibt auch heute noch Priester, die die Eucharistie feiern können, denen es aber entsprechend dem Beschluss der Deutschen Bischofskonferenz vom 3.–7. März 1974 „physisch und moralisch" unmöglich ist, selbst eine Predigt zu halten.
Es stehen als zwei Möglichkeiten für sonntägliche Gemeindegottesdienste in Abwesenheit eines Priesters nebeneinander:
1. Die Kommunionfeier, der auf der Ebene des römischen Ritus der Vorrang gegeben wird; dieser muss gemäß römischer Ordnung immer die Verkündigung des Wortes Gottes vorangehen.
2. Die Wort-Gottes-Feier, die im deutschen Sprachgebiet bevorzugt wird; mit dieser soll – nach römischer Ordnung – bzw. kann – nach der Ordnung im deutschen Sprachgebiet – die Spendung der Eucharistie verbunden sein.
Für diese Feier erschien neben diözesanen Hilfen „auf Anregung der Liturgiekommission der Deutschen Bischofskonferenz, der Liturgischen Kommission für Österreich und der Diözesanbeauftragten für Liturgie der deutschen Diözesen" das Werkbuch „Wort-Gottes-Feier."[28]

4. Zu den Leitungskompetenzen bei Wort-Gottes-Feier und Kommunionfeier

Wer immer eine besondere Aufgabe bei der Feier des Gottesdienstes übernimmt, benötigt – angefangen von den Ministranten und den Sängerinnen und Sängern im Chor bis zum Diakon oder der/dem Gottesdienstbeauftragten – die seinem Dienst entsprechende Kompetenz. Besonders wichtig, weil von allen wahrnehmbar, ist die Kompetenz deren, die einen Gottesdienst zu leiten haben.
Notwendig sind eine geistliche Schulung und ein stetes geistliches Leben. Es muss davon ausgegangen werden, dass Diakone und hauptamtliche Laien während ihres Theologiestudiums geistig ausreichend geschult wurden und auch die Möglichkeit hatten, sich durch Einüben einer geistlichen Lebensführung auf ihre Aufgabe vorzubereiten. So sollten sie berechtigt und fähig sein, die jeweils in der Homilie auszule-

genden Texte angemessen zu behandeln und in ihrem geistlichen Gehalt sich selbst und der Gemeinde zu erschließen.
Auch für haupt- und ehrenamtliche Laien, die mit der Leitung von Wort-Gottes-Feiern, mit der Verkündigung und mit dem Dienst an der Eucharistie beauftragt worden sind und damit Aufgaben wahrnehmen, die dem geistlichen Amt zugeordnet sind, muss auf die ihnen angemessene Weise gelten, was dem Priester bei seiner Weihe vom Bischof gesagt wird: „Bedenke, was du tust, ahme nach, was du vollziehst, und stelle dein Leben unter das Geheimnis des Kreuzes."

Benedikt Kranemann

„Lob- und Dankgebet" – ein neues Gebetselement in der Wort-Gottes-Feier

1. „Wort-Gottes-Feier" – Feier der Gegenwart Gottes im Wort

Auf den ersten Blick ist die Wort-Gottes-Feier eine unspektakuläre Liturgie, der die Zeichenhaftigkeit von Sakrament und Sakramentale zu fehlen scheint, die zugleich wesentlich einfacher als beispielsweise die Stundenliturgie strukturiert ist und die auch in theologischer Perspektive wenig Komplexität aufzuweisen scheint. Schaut man genauer hin und untersucht, was der Anspruch solcher Feiern ist, wird man rasch eines Besseren belehrt. Weder handelt es sich um eine „Ersatzform" – „Ersatz" für die Eucharistie, die dort zum Tragen kommt, wo Klerikermangel besteht – noch liegt hier eine um die Eucharistie reduzierte Form der Messe, also letztlich eine gottesdienstliche „Schrumpfform" vor.
Feier des Wortes Gottes, so sagt das 2004 von den Liturgischen Instituten in Trier und Salzburg für diesen Anlass herausgegebene Buch,[1] bedeutet zunächst, dass das Wort Gottes in einer solchen Liturgie im Mittelpunkt steht und bewusst und erfahrbar das Zentrum des Gottesdienstes ausmacht. Was eigentlich für jede Liturgie gelten müsste, wird hier unterstrichen: Sie lebt aus dem Gotteswort und bringt dieses im Ritual auch deutlich zum Ausdruck. Dabei wird zeichenhaft sichtbar gemacht, dass es nicht um beliebige Worte geht, sondern um Texte, die die Liturgie als „Heilige Schrift" verkündet.[2]
Das zweite Aspekt, der hervorgehoben wird, ist nicht weniger bedeutsam: Es handelt sich nicht um irgendein Wort, sondern um wirksames Wort.[3] „Performanz" ist der Terminus technicus, der besagen will, dass, indem dieses Wort zugesprochen wird, sich etwas ereignet. Schon in zwischenmenschlicher Kommunikation kann durch Worte eine Situation verändert werden, wie die Aussagen „Ich liebe dich" oder „Ich ver-

zeihe dir“ u.ä. zeigen. Im Glauben wisse man, so formuliert das liturgische Buch, „dass Gott durch sein Wort in der Liturgie gegenwärtig ist ... und dass dieses in der Liturgie verkündete Wort an uns wirksam wird, auch wenn unsere Erfahrung dem nicht immer entspricht“[4]. Die christliche Tradition hat lange Zeit die Gegenwart Christi im Wort wie im Sakrament bekannt,[5] sich dann aber zumindest in der katholischen Kirche stark auf die Christus-Präsenz in den eucharistischen Gestalten konzentriert. Im 20. Jahrhundert hat man dann neu das Bewusstsein für die Vielfalt der Präsenz Christi in der Liturgie geweckt, spricht heute von der Gegenwart Christi im Wort und betont damit, dass es sich um ein wirkendes Wort handelt. Das liturgische Buch beschreibt das mit recht schlichten Worten so: „Dieses Wort bringt Freude, es tröstet und befreit.“[6] Man wird das zuspitzen können: Es kann Leben deuten und kann vor allem Leben verändern.[7]
Das Wort steht in dieser Liturgie nicht allein, sondern ist mit Gebet und Gesang verbunden. Das, so der dritte Hinweis, führe zur Vergemeinschaftung, „in der Gottes Reich aufscheint“[8]. Damit wird auf ein für die Liturgie erhellendes Strukturmodell hingewiesen, das stark schematisiert so funktioniert: In der Lesung wird dem Menschen das Wort Gottes verkündet. Im Gesang, der Menschen verbindet, meditiert und vertieft man das Gehörte, um schließlich im Gebet auf das Wort Gottes zu antworten.[9] Ohne dieses Modell überreizen zu wollen, kann man einige Grundeigenschaften von Liturgie darin widergespiegelt finden. Liturgie ist Hören und Antworten, ist Dialog oder Begegnung zwischen Gott und Mensch. Das kann in ganz einfachen Formen geschehen, wie etwa in der Wort-Gottes-Feier.[10] Sie ist damit eine in ihrer elementaren Form sehr aus Grundvollzügen lebende Feier, die zugleich das Kerngeschehen der Liturgie präsent hält wie Gemeinschaft konstituiert und von daher einem für die christliche Glaubensgemeinschaft so zentralen Tag wie dem Sonntag[11] angemessen ist.
Das Handeln dieser Gemeinschaft im Gottesdienst ist nicht auf die Liturgie begrenzt, sondern erfährt seine eigentliche Bewährungsprobe im Alltag der Christen bzw. der Mitfeiernden.[12] Das ist der vierte Hinweis, der die Bedeutung der Wort-Gottes-Feier erhellt: In der Gemeinschaft, durch das Hören und Antworten, durch das Geschehen von Heiligung

des Menschen im verkündeten Wort und Verherrlichung Gottes im Gebet scheint Gottes Reich auf. Das ist eine zugegebenermaßen steile Formulierung, die erst durch das Folgende plausibel wird und nachvollzogen werden kann: Die Erfahrung von tröstender und befreiender Gemeinschaft aus der Verkündigung des Wortes „hilft zum Bestehen in einer Welt, in der weithin Macht und Gewalt herrschen, und zum Bewältigen eines Lebens, das von Leid und Schmerz nicht verschont bleibt".[13] Die Wort-Gottes-Feier ermutigt zum Handeln im Alltag, mehr noch: entwirft das Bild einer anderen Welt, vermittelt Hoffnung und eröffnet dadurch Handlungsoptionen im Leben des Einzelnen wie der Gesellschaft. Sie ist, wie letztlich jeder Gottesdienst, eine Feier mit großer Bedeutung für das Leben im Alltag und lässt dieses durch das auf einige Wort- und Zeichenformen reduzierte Ritual besonders deutlich zum Ausdruck kommen. Sie transzendiert zugleich das Hier und Jetzt und stellt den Christen in die von der Glaubensbotschaft her gegebene eschatologische Spannung von Schon und Noch-nicht, die sich für Leben und Alltag als eine produktive Spannung erweist, weil sie zur gläubigen Sehnsucht auf ein Mehr und ein Anderes bei Gott, aber damit eben auch zu einer entsprechenden Lebenspraxis animiert. So lässt sich die Wort-Gottes-Feier als eine Liturgie begehen, die den Anbruch des Reiches Gottes in dieser Welt feiert und damit im Zentrum christlichen Glaubenslebens steht.

2. Das Lob- und Dankgebet als profiliertes Element der Wort-Gottes-Feier

Zu dieser neuen Feierform tragen viele Elemente der Liturgie bei. Unter ihnen nimmt das Lob- und Dankgebet einen besonderen Rang ein, das sich in den gerade beschriebenen Kontext der Wort-Gottes-Feier nicht nur einordnet, sondern ihr Gewicht und Profil verleiht. Erinnerung, Lobpreis, Bitte sind die Grundelemente dieser Gebete.[14] Auch wenn ihre Funktion nicht immer ganz zu klären ist – mal sind sie wirkliches Lob- und Dankgebet im Zusammenhang der Wortverkündigung, dann wieder Sonntagslob in einem übergreifenderen Sinne –, weisen sie doch zahlreiche Parallelen auf. Sie erinnern Geschichte Gottes mit den Menschen, erzählen vom Handeln Gottes in dieser Geschichte von der Schöpfung bis zur erhofften einstigen Vollendung und sind in dieser Weise menschliches Gedächtnis; zugleich aber bringen sie diese Erinnerung auch vor Gott, sind also Erinnerung Gottes an die Heilsgeschichte und Bitte um entsprechendes Handeln in der Gegenwart, sind Gedächtnis vor Gott.

Bemerkenswert und für das Verständnis dieser Liturgie wichtig ist die Theologie der Zeit, die in diesen Gebeten zum Ausdruck kommt. Der Zeit-Raum, der in der Liturgie eröffnet wird, partizipiert an Vergangenheit und Zukunft in der Gegenwart. Ermöglicht wird er durch das Handeln Gottes, das die Geschichte umgreift; die Zeit wird gleichsam durch die Gegenwart Gottes umklammert. So verdeutlichen gerade die Lob- und Dankgebete, dass das, was hier verkündet wird, weder Information noch ferner Mythos ist, sondern ein Geschehen, das seine Wirkung in der Gegenwart entfaltet. Das Gebet greift das Verkündete auf und interpretiert es als Wort mit Gegenwartscharakter. Es formuliert zugleich die Hoffnung, dass sich das, was sich an Heil in der Gegenwart nur bruchstückhaft erfüllt, einst vollgültig erfüllen möge.

Dabei ist dieses Gebet selbst nicht nur beliebiges Wort, sondern besitzt performative, also Wirklichkeit konstituierende oder auch verwandelnde Kraft. Wenn man Liturgie als „Dialog" oder als „Begegnungsereignis" verstehen will, wenn man folglich gott-menschliche Kommunikation als Sache der Liturgie begreift, hat diese Form des Gebets eine eigene Dignität, weil sie genau das ins Gebetswort hebt. Das durch seine Strukturelemente, durch seinen Platz in der Liturgie, auch durch die Tatsache, dass es von der Leiterin oder dem Leiter des Gottesdienstes gesprochen wird, hervorgehobene Gebet realisiert, dass die Betenden in der Gegenwart nicht außerhalb der hier ins Gedächtnis gerufenen Geschichte stehen, sondern in diese Geschichte hineingenommen sind. Das Feierliche Lob führe „die Versammlung zu einem Höhepunkt, der im Dank und in der Anbetung Gottes besteht und sich durch Jesus Christus im Heiligen Geist an den Vater im Himmel richtet".[15]

Auch das Rollenverständnis der Liturgie ist dabei von Bedeutung. Alle diese Lob- und Dankgebete sehen eine Beteiligung der ganzen Ge-

meinde durch das „Amen“, also die bestätigende und einstimmende Akklamation, vor; die meisten kennen variierende und ausführlichere Antwortrufe der Gemeinde. Wenn man das Mitbeten aller nicht einfach als Hilfe für ein leichteres Mitfeiern oder als Schutz vor einer „Klerikalisierung“ der Leiterinnen und Leiter dieser Liturgie sehen will, kann man es als eine besonders intensive Einbeziehung der Mitfeiernden in dieses Kerngeschehen von Zuspruch und Antwort verstehen, das nicht nur vor den Augen der Gemeinde in Szene gesetzt werden kann, sondern an dem die Gemeinde unmittelbar beteiligt werden muss. Hier zeigt sich ein enger Zusammenhang zwischen Form und Inhalt der Liturgie. Die Sprachform und ihre Realisierung ist keine Äußerlichkeit, sondern durchwirkt das gottesdienstliche Geschehen.
Der Religionsphilosoph Richard Schaeffler hat in seinem Buch „Kleine Sprachlehre des Gebets“ von der Notwendigkeit geschrieben, Hilfen für die Sprachhandlungen des Dankens, der Klage und der Bitte bereitzustellen. Gebete wie die hier vorgestellten kann man unter diese Hilfen rechnen. Er bezeichnet als die wichtigste Hilfe „die Erinnerung des Beters an die Aufgabe, sein Gottesverhältnis zu klären und zu aktuieren“.[16] Für Schaeffler ist dem Beter von Gott das Gebetswort wie seine ganze Existenz als Mensch ermöglicht; beide sind Gott verdankt. Darin sieht er einen Maßstab, an dem sich Dank, Lob, Klage und Bitte messen lassen müssen, erkennt er vor allem die Notwendigkeit, Eigenruhm und Selbstgerechtigkeit zu überwinden.[17] Die Fähigkeit zum Gebet ist Ausdruck göttlicher Gnade, was Schaeffler zu dem Schluss führt, stets sei „der Dank das erste Wort, das diesem Gottesverhältnis angemessen ist, die Bitte aber ist ... erst dessen Folge“. Dank, Bitte und Klage können aber „nur deshalb vor Gott ausgesprochen werden, weil dieser sich in der Vergangenheit als Geber guter Gaben erwiesen hat“.[18] Das wird durch den Typus von Gebet, der hier vorgestellt wird, ideal umgesetzt. Die Lobgebete stellen vor Augen, wie Gott sich in der Heilsgeschichte dem Menschen zugewandt hat. Sie lassen die Anwesenden in das Gebet eintreten und nehmen sie nicht nur in eine zentrale Form des Gebets hinein, sondern ermöglichen ihnen die Aktuierung ihres Gottesverhältnisses. Dafür sind unterschiedliche Gebetsformen denkbar, doch die hier gewählte, die Grundelemente liturgischen Gebets aufgreift und

Gebet in der Mitte des Sonntags ist, realisiert das in besonderer Weise und zu herausgehobener Zeit.

3. Das Lob- und Dankgebet der Wort-Gottes-Feier – Beispiele aus heutigen liturgischen Büchern

Welche Gebete dieser Art gibt es heute, wie lassen sie sich beschreiben? Sowohl das von den Liturgischen Instituten Deutschlands und Österreichs herausgegebene Buch für die Wort-Gottes-Feier als auch das schweizerische Pendant bieten Lob- und Dankgebete in großer Zahl und mit vielen Variationen an. Allein das zeigt bereits den Stellenwert des Gebets an. Untereinander variieren die Texte in ihren theologischen Aussagen, in den verwendeten Bildern, in den thematischen Akzentsetzungen. Deshalb soll hier der Versuch unternommen werden, die Gebete aus den beiden genannten Büchern kurz vorzustellen und zu charakterisieren. Es wird zugleich sichtbar, welche Themenvielfalt sich in der Wort-Gottes-Feier entdecken lässt.

- „Lobpreis und Dank für das Geschenk des Sonntags"[19] ist das erste Gebet (A.) in der Wort-Gottes-Feier überschrieben. Es deutet vom Schöpfungsbericht und von der Auferstehung Christi her den Sonntag aus. Das Gebet trägt den Charakter von Berakot, also von jüdischen Segensgebeten:[20] Jeder Abschnitt beginnt mit den Worten „Gepriesen bist du ..." und lobt den Schöpfergott, sodann Gott, der Christus von den Toten auferweckt und die Welt zur Hoffnung berufen hat, und schließlich Gott, der „Freund unseres Lebens" genannt wird.[21] Die Gemeindeakklamation „Ehre sei Gott in der Höhe ..." unterstreicht das. Bildreich wird entfaltet, was der Sonntag für den Menschen bedeutet, wird eine kleine Theologie des Sonntags entwickelt. Ruhe und Erholung, nicht einfach im Sinne von „Freizeit", sondern als Teilhabe an der „schöpferischen Ruhe" Gottes verstanden, die Erneuerung des Bundes in Christus, die Hoffnung auf Erlösung werden als Sinnmitte des Sonntags erinnert. Das Gebet bindet das, was in theologisch dichter Sprache formuliert wird, eng an den Alltag zurück, wenn es in der abschließenden Bitte formuliert: „Befreie uns aus aller Enge und Hast und lass uns aufatmen in deiner Liebe.“[22] Der Sonntag wird hier zu einem Zeitraum, der als befreiende Zeit wahrgenommen werden kann und in dem der Mensch an dem bereits partizipiert, was zuvor „besungen“ worden ist. „Enge“ und „Hast“ stehen für Erfahrungen des Alltags, das Aufatmen charakterisiert den Sonntag, der gleichsam als alternativer Lebenszeitraum gegenüber dem Alltag beschrieben, gefeiert, erlebt wird.

- Ganz anders der zweite mögliche Gebetstext: „Lobpreis des dreieinigen Gottes“ (B.).[23] Er meditiert das Geheimnis der Trinität, bleibt dabei jedoch wesentlich blasser als der gerade beschriebene. Gott wird als Schöpfer, als Herr der Welt und als Vater gepriesen, Jesus als die Verleiblichung der Güte Gottes („durch ihn wurde deine Güte in menschlicher Gestalt sichtbar“), als der Erlöser und Grund menschlicher Hoffnung, als das Wort und die Wahrheit. Es sind sehr unterschiedliche Sprachebenen, die hier miteinander kombiniert werden und die das Mitbeten erschweren dürften. Wenig an spirituellem Profil gewinnt ein kurzer Lobpreis des Heiligen Geistes: „Wir preisen dich für den Heiligen Geist, der uns zusammenführt und als Kirche eint. Aus seiner Fülle haben wir empfangen, aus seiner Kraft dürfen wir leben.“[24] Die Tradition hat wesentlich vitalere Bilder entwickelt, um den Gottesgeist zu besingen; der Absatz wirkt recht farblos. Theologisch sinnvoll werden hier nicht Vater, Sohn und Geist nebeneinandergestellt, sondern Gott wird gepriesen für den Sohn und den Geist – die Dreieinigkeit wird gepriesen, jedes Missverständnis von Trinität als eines Nebeneinanders dreier Personen vermieden. Etwas überraschend leitet das Gebet zu einem Dank über „für alle, die den Weg mit uns gemeinsam gehen und ihr Leben mit uns teilen“. Die recht schlichte Akklamation „Dir sei Preis und Dank und Ehre“ kann den Gebetstext kaum aufwerten.
- Der dritte Gebetstext besitzt wieder andere Qualität: „Lobpreis und Dank für Schöpfung und Neuschöpfung“ (C.) ist er überschrieben.[25] Er fällt auch deswegen aus dem Rahmen, weil er durch Einschübe, die auf die verschiedenen Kirchenjahreszeiten bezogen sind, Aktualisierungen ermöglicht. Theologisch dicht werden Schöpfung der Welt und Neuschöpfung in Christus zusammengeschaut. Durch ein rheto-

risches Mittel, einen Parallelismus, also parallelen Satzbau, und das wiederkehrende „Dies ist der Tag" bzw. „Dies ist unser Tag" werden Heilsgeschichte und Gegenwart verbunden. Die in der Liturgie versammelte Gemeinde hat Anteil am Schöpfungsgeschehen, ist beschenkt mit dem „Tag der Ruhe und Unterbrechung, den du [Gott] uns allen am Berg Sinai durch dein Sabbatgebot geschenkt hast".[26] Das Gebet formuliert sogar, dass sich Christen „wie dein Volk Israel" nach der Erfüllung dessen sehnen, was Gott verheißen hat. Was ist der Sonntag, wenn man ihn im Gebet unter dem Aspekt der Schöpfung bedenkt? Der Tag, an dem der Geist Gottes „auf die im Saal Versammelten" herabkam,[27] der Tag, an dem sich Christen „aus der Zerstreuung und Vereinzelung" sammeln und um den Geist Gottes wie um das Kommen des Reiches Gottes bitten.[28] Das Lob- und Dankgebet führt den Schöpfungsglauben mit Blick auf die kirchliche Gemeinschaft weiter, die im Ereignis der Neuschöpfung in Christus ihr Fundament hat. Dieses Gebet besitzt einerseits sprachlich durchaus überzeugende bibelnahe Bilder und Motive, erschließt sich aber andererseits inhaltlich nicht leicht und ist nicht völlig stringent.
- Der „Lobpreis und Dank für Jesus Christus", der vierte Lobpreis (D.),[29] ist ganz anders und auf einfaches Mittun hin angelegt. In acht knappen Absätzen wird das Christusbekenntnis entfaltet: Menschwerdung, Leben und Wirken, Leiden, Sterben und Auferstehen, Erhöhung, aber auch die Gegenwart in der Gemeinde. Am Sonntag als dem „kleinen Osterfest" vergegenwärtigt sich die Gemeinde in einer ganz unprätentiösen Weise das Pascha-Mysterium und damit das eigentliche Kerygma des Sonntags. Mit der Akklamation „Jesus Christus ist der Herr zur Ehre Gottes des Vaters" gelingt hier eine sehr gute Verbindung von Gebetstext und ein- wie zustimmendem Ruf der Gemeinde.
- Wieder anders ist der „Lobpreis und Dank für Gottes Wirken" (E.) konzipiert.[30] Ganz knapper Lobpreis und ebenso kurzer Ruf der Gemeinde wechseln sich so ab, dass das Gebet fast den Charakter einer Litanei erhält. Die Theologie des Sonntags entspricht der bereits beschriebenen und ist deutlich christologisch profiliert.
- Im eigentlichen Sinne auf das Geschehen der Wortverkündigung bezogen sind „Lobpreis und Dank für Gottes Wort" (F.).[31] Das prägt

schon die Akklamation: „Dein Wort, o Herr, geleitet uns auf allen unseren Wegen.“[32] Da die Wortverkündigung ein erstrangiges Geschehen der Liturgie ist, dieses aber noch zu wenig die Gemeindepraxis prägt, ist dieser Gebetstext besonders wertvoll. Er stellt die Wortverkündigung der Kirche in eine Linie mit dem Wort, das Mose anvertraut worden ist, mit dem Propheten gemahnt haben, das „Israels Sänger“ bewegte.[33] Christus selbst wird als „das ewige Wort am Herzen des Vaters“ gepriesen. Lehre und Stärke sind mit dem Wirken des Heiligen Geistes verbunden.

- Schließlich bietet das liturgische Buch „Lobpreis und Danksagung für den Sonntag“ (G.) an.[34] Sabbat und Sonntag werden hier nebeneinandergestellt, aber doch unterschiedlich charakterisiert. Der Sabbat ist der „Tag des Lobes und Dankes für das Werk der Schöpfung“, der Sonntag Tag der Freude und des Christusgedächtnisses. Der Sonntag erinnert zugleich, wie die in Christus Auserwählten auf die ewige Vollendung hinschreiten, und trägt eschatologische Konturen. Mit Lobpreis und Doxologie, die für den Sonntag als ‚Geschenk der Liebe Gottes‘ danken, endet das knappe wie aussagekräftige Gebet, das gleichzeitig leicht mitzuvollziehen sein dürfte.

Das liturgische Buch aus der Schweiz kennt drei weitere Gebete, die sich in der Wort-Gottes-Feier so nicht finden.

- Dass es sich bei diesen recht jungen Gebeten um durchaus schwierige Texte handeln kann, verdeutlicht das zweite Feierliche Lob in diesem Buch: „Lobpreis des Vaters für sein Wort als Lebenskraft“ (II).[35] Es bedürfe der Erläuterung, erfährt man, denn es lehne sich sehr an biblische Gesetzes- und Gebotsfrömmigkeit an. Tatsächlich kennt der Text viele biblische Anspielungen und Paraphrasen. Theologisch gibt es hier viel zu entdecken, doch das muss dem heutigen Beter wohl erst aufgeschlüsselt werden. Das Leben nach dem Wort, das Gute, das aus dem Wort erwächst, das lebenspendende Wort, das leuchtende Wort – die Dimensionen des Wortes Gottes werden ausgelotet, doch manches ist dann sprachlich für eine durchschnittliche Gemeinde wohl zu komplex. „Wie köstlich ist deine Verheißung, süß für uns wie Honig für den Gaumen. Dein Wort ist eine Leuchte, ein Licht auf allen Pfaden.“[36] Wie stimmig ist diese bildreiche Sprache, erschließt sie sich im ersten Hören für den, der mit biblischer Sprache nicht vertraut ist, lässt sie sich vermitteln?

- Einen kurzen Durchgang durch die Heilsgeschichte findet man im „Lobpreis des Vaters für den Sonntag als Tag der Schöpfung und der Neuschöpfung“ (IV),[37] der verbunden wird mit dem Ruf der Gemeinde „Laudate omnes gentes, laudate dominum“. Manche Passage erinnert an den Schöpfungsbericht, manche greift auf Psalmen zurück („Du hast ihm die Herrschaft übertragen, die Macht über die Vögel des Himmels, über die Fische im Meer und über die Tiere des Landes“). Andere Abschnitte sind sprachlich sehr gegenwartsnah formuliert und eignen sich deshalb gut für eine neue Form des Gottesdienstes: „Du hast ihm [dem Menschen] dein Wort gegeben und ihn in Freundschaft angenommen. Du hast ihm deinen Willen kundgetan, ihm deine Pläne eröffnet.“[38] Der Schluss des Gebets gibt dem Sonntag ein ganz eigenes Gepräge und verknüpft, wie es oben für liturgische Feiern schon beschrieben worden ist, verschiedene Zeitebenen. Erinnerte Vergangenheit, Gegenwart und erhoffte Zukunft bilden eine Einheit: „Ja, heute hast du die Finsternis in Licht verwandelt, heute alles erneuert, heute den ewigen Morgen heraufgeführt.“[39] Nicht nur eine Theologie des Sonntags, die geläufige Vorstellungen von „Freizeit“ theologisch weit überbietet, sondern auch eine kleine Theologie der Zeit ist diesem Gebet eingeschrieben.
- „Lobpreis des Vaters für den Heiligen Geist“ (VI) ist ein ganz pneumatologisch, also auf das Wirken des Geistes, bezogenes Gebet überschrieben.[40] Es setzt einen Akzent, der einer häufig „geistvergessenen“ Liturgie einen wichtigen spirituellen Impuls geben könnte. Der Ruf der Gemeinde am Schluss des Lobpreises, gegenüber den anderen Rufen des Gebets leicht erweitert, erinnert die Zusage Jesu an seine Gemeinde: „Ihr werdet die Kraft des Heiligen Geistes empfangen und werdet meine Zeugen sein. Ihr werdet die Kraft des Heiligen Geistes empfangen.“[41] Mit eindrucksvollen Bildern „besingt“ das Gebet das Wirken des Gottesgeistes als Lebenskraft und macht die Dynamik des Glaubensgeschehens deutlich: „Feuer seiner Botschaft“, „Lebenshauch“, „Gaben der Weisheit und der Einsicht, des Rates und der Erkenntnis, der Stärke und der Frömmigkeit“, „Liebe, Freude und

Frieden, ... Langmut, Freundlichkeit und Güte, ... Treue, Sanftmut und Selbstbeherrschung". Der Geist führt das Werk des Sohnes fort und wirkt in Wort wie Sakrament. Dieses Lobgebet ist nah an Texten der Tradition wie der Pfingstsequenz oder entsprechenden Kirchenliedern, bringt aber die alten Bilder neu zum Sprechen. In sehr konziser Weise wird Zentrales des Glaubens ausgesagt.

Die liturgischen Bücher zu Wort-Gottes-Feiern bieten damit unterschiedliche Texte, mit denen man ganz verschiedene Akzente setzen kann und zu deren Einführung in den Gemeindegottesdienst abschließend einige Überlegungen vorgelegt werden sollen.

Kritisch wird man anmerken müssen, dass die Qualität der Texte für dieses zentrale Gebet sehr variiert – sowohl was die Sprache als auch was die Theologie betrifft. Überraschend ist auch das unterschiedliche Profil: Manche Texte sind Lob des Sonntags, ihr Platz wäre eher am Beginn der Liturgie; manche tragen das Gepräge des Gotteslobs und „reagieren" unmittelbar auf die Heilige Schrift. Schon diese Unterschiede zeigen, dass die Wort-Gottes-Feiern eine gute Vorbereitung und eine überlegte Gestaltung brauchen.

Positiv ist auf die Vielfalt der Texte, der Sprachstile, die sich in Bildern und Metaphern äußern, aber auch der theologischen Deutungen und Perspektiven hinzuweisen. Die Gebetstexte markieren den Kern der Liturgie, erlauben zugleich sehr unterschiedliche Akzentsetzungen und halten die Liturgie damit in Bewegung.

4. Eine „neue" Gottesdienstordnung in der Gemeinde – Hinweise zur Umsetzung

Die Frage, wie eine „neue" Gebetsordnung konkret in einer Gemeinde umgesetzt werden soll, lässt sich nur vor Ort entscheiden. Dennoch kann man einige Hinweise geben, was möglicherweise zu berücksichtigen ist. Auf jeden Fall ist die Art und Weise, wie gebetet wird, und das meint Inhalte, Sprachformen, auch Körperhaltungen, die Weise der Rezitation und der Partizipation, für eine gemeinschaftliche Liturgie von großer Bedeutung. Es handelt sich nicht um Nebensächlichkeiten, sondern um wesentliche Bestandteile eines komplexen Handlungsgeschehens. Gerade weil an diesem eine Gemeinschaft teilnimmt, ist auf die rituelle Seite zu achten, denn sie erleichtert eine Kommunikation, die sich sogar in der Wiederholung bewähren muss.

Körperlichkeit und Liturgie sind nicht zu trennen. Das gottesdienstliche Geschehen ereignet sich sehr stark über Körperhaltung und Gesten, seien es das Sitzen, Stehen oder Knien, Verneigungen, Kniebeugen, Segensgesten usw.[42] Über den Körper wird eine innere Haltung oder eine Glaubensaussage kommuniziert und für den Beter selbst erfahrbar gemacht. Beide genannten liturgischen Bücher sehen vor, dass die Gläubigen zum Lob- und Dankgebet stehen. Die „Wort-Gottes-Feier" hält fest, das Stehen sei die eigentliche Grundhaltung der versammelten Gemeinde, um dann anzufügen: „Jesus hat uns aus der Knechtschaft der Sünde befreit und würdig gemacht, vor Gott zu stehen."[43] Die Körperhaltung drückt die innere Würde des Menschen aus; sie verdeutlicht zugleich den Stellenwert des Gebetes, und sie unterstreicht schließlich das Gewicht des Kommunikations- und Feiergeschehens, das sich jetzt vollzieht. Sie macht die Bedeutung dieses Gebetsaktes erfahrbar.

Dazu kann auch die Rollenverteilung der Liturgie etwas beitragen. Die relativ starke Gemeindebeteiligung ist auffällig. Deshalb sollte ein besonderes Augenmerk auf die entsprechende Umsetzung in der gemeindlichen Liturgiepraxis gelegt werden. Die Akklamationen, seien es die ausformulierten, sei es das kurze „Amen", geben allen Gläubigen die Möglichkeit, sich an diesem Gebet zu beteiligen. Deutlicher als über das kurze Amen am Gebetsende wird der Einbezug der Gläubigen in das Gebetsgeschehen durch Akklamationen zum Ausdruck gebracht. So müssen die Akklamationen als ein wesentlicher Bestandteil dieser Gebete ernstgenommen und muss ihnen Raum gegeben werden. Wo kirchenmusikalisch die Möglichkeit besteht, sollte man sie singen.

Die relativ langen Gebetstexte verlangen eine sorgfältige Vorbereitung des Betens und der Rezitation. Nicht nur, dass einige der Texte sprachlich alles andere als leicht vorzubeten sind. Ein gekonntes, natürlich ungekünsteltes Vortragen des Gebets kann auf die sprachlich-rhetorischen Feinheiten des jeweiligen Textes Rücksicht nehmen und damit die Theologie des Gebets unterstreichen. Ein mehrfach wiederholtes

„Dies ist der Tag“ verdient eine entsprechende Betonung, denn hier kommt der Gegenwartsbezug der Liturgie wie ein Parallelismus zum Tragen, der etwas besagt über Glaubenshoffnung angesichts der Geschichte. Die Bitte, die der Prädikation und Anamnese folgt, könnte durch eine kleine Akzentsetzung verdeutlicht werden, um die innere Struktur des Gebets, die nicht „nur“ sprachlich, sondern eben auch theologisch relevant ist, abzubilden. Wie auch immer – auf jeden Fall sollte das Vortragen eines solchen Gebets geübt werden, denn es ist am Sonntag zentrales Gebet der Gemeinde.

Die beschriebenen Gebete variieren. Bedeutet das: Qual der Wahl oder Verantwortung zu sinnvoller Auswahl? Sicherlich ist die Auswahl des Gebetstextes, wie oben angedeutet, nicht beliebig. Auf die Kirchenjahreszeit, auf die jeweils zugrunde liegenden biblischen Texte, auf die Möglichkeiten der Anwesenden und Mitfeiernden muss Rücksicht genommen werden. Richtig ausgewählt, wird das Gebet im Zusammenspiel mit den anderen Texten und Vollzügen der Liturgie intensiver sprechen und eine bündelnde Funktion in der Liturgie wahrnehmen.

Schließlich liegt in diesen neuen, für viele ungewohnten, aber dichten Texten eine große pastorale Chance, die man sich nicht entgehen lassen sollte.[44] Es gilt, eine so intensive und in vielen Fällen auch sprechende Form des Betens zu erschließen: in der Vorbereitung auf die Einführung einer solchen neuen Gottesdienstform, in der Bildungsarbeit einer Gemeinde, die sich auch mit liturgischen Texten beschäftigen sollte, schließlich in der Auslegung im Gottesdienst. Sie hätte die Aufgabe, einen Zusammenhang zwischen Bibeltext und Gebet herzustellen und damit den inneren Zusammenhang in der Liturgie abzubilden. Vielleicht keine leichte Aufgabe, aber eine Möglichkeit, gleichsam mystagogisch, also im Miterleben und Mitfeiern, den für die Liturgie so fundamentalen Zusammenhang von Hören und Antworten erfahrbar zu machen. Gelänge das, wäre das für die Sonntagsliturgie ein großer spiritueller Gewinn. Und die neue Form des Lob- und Dankgebets würde über die Wort-Gottes-Feier hinaus eine wichtige Funktion für die Liturgie insgesamt wahrnehmen, denn sie würde ein zentrales Moment christlicher Liturgie verstärkt ins Bewusstsein heben und letztlich wie eine „Gebetsschule“ wirken.

Wolfgang Bretschneider

Wie findet die Gemeinde Zugang zu den Psalmen?

1. Brot, das den Hunger stillt

Psalmen:

Urgestein des Glaubens,
Felsen einer fernen Küste,
Klippen, himmelwärts gerichtet,
unablässige Brandung der Hoffnung.

Psalmen:

gesungen in Tempeln und Palästen,
gestammelt in Folterkammern und Todeszellen.
Gottesnähe und Gottesferne:
Loblied, Klage, Schrei.

Inmitten der Ohnmacht ein Name,
im Untergang das Alphabet der Auferstehung.
Buchstaben aus Fleisch und Blut,
Sprache der Hilflosen, der Entmündigten,
Botschaft der zum Schweigen Gebrachten,
Manifestation der Sehnsucht.
Sinn zwischen den leeren Zeilen des Lebens,
Freiraum, unsagbar.

„Aus dem Mund der Unmündigen
schaffst du dir Lob“ (Ps 8,3).

Die meisten Hoffnungen liegen noch begraben.
Die meisten Lieder sind noch ungesungen.
Aber sie sind schon auf unseren Lippen.
Du, Herr, kennst sie bereits.

Die Höhe und Tiefe, die Länge und Breite der Psalmenwelt wie auch ihre zeitlose Schönheit hat der Schriftsteller Wolfgang Poeplau mit diesen Worten treffend zum Ausdruck gebracht. Auf der Suche nach Brot, das den geistlichen Hunger stillt, stoßen immer mehr Menschen auf die Loblieder Israels. Aufschlussreich war die im Jahr 2003 in Deutschland und Österreich durchgeführte Befragung nach der Akzeptanz des Gebet- und Gesangbuchs „Gotteslob". Dabei erfuhren die Psalmen eine hohe Wertschätzung. Vor allem die jüngeren Probanden plädierten für eine Ausweitung des Psalters.
Berichtet wird immer öfters von Gruppen, die zur Feier der Laudes, der Vesper oder Komplet zusammenkommen. Wo ihnen die Welt der Bilder in den „Preisungen" erschlossen wird, wo sie behutsam mit in die Erfahrungen von Lob und Klage, Bewunderung und Resignation hineingenommen werden, da öffnen sich Herzen für die spirituellen Reichtümer des biblischen Gesangbuches. Nahrung für die Seele suchen vor allem junge Menschen in Zeiten, wo das Beten nicht mehr aus dem Herzen und über die Lippen kommen will, wo das eingravierte Verfallsdatum auf vielen Gebetsformeln längst überschritten ist. Von ihnen werden die Psalmen oft ganz neu entdeckt, nicht als wasserdichte Sentenzen, sondern als Raum, wo ich Erfahrungen machen darf mit meinen Mitmenschen, mit Gott und mit mir selbst.
Was der bedeutende Theologe Johann Baptist Metz in seiner Münsteraner Abschiedsvorlesung zum Gebet gesagt hatte, das trifft in besonderer Weise auf die Psalmen zu: „Die Sprache der Gebete ist nicht nur universeller, sondern auch spannender und dramatischer, viel rebellischer und radikaler als die Sprache der zünftigen Theologie ... In ihr kann man auch sagen, dass man nicht glaubt. Sie ist die seltsamste und doch verbreitetste Sprache der Menschenkinder, eine Sprache, die keinen Namen hätte, wenn es das Wort Gebet nicht gäbe."[1]

2. Immer noch ungeliebte Kinder

In den Gemeindegottesdiensten scheinen sich die biblischen Preisungen keiner großen Beliebtheit zu erfreuen. Trotz großer Anstrengungen, wenigstens hier und dort, wirken die alten Gesänge auf viele Menschen wie Zeugnisse aus fernen Zeiten. Eine persönliche Ansprache stellt sich selten ein. Der garstige Graben der Geschichte scheint unüberwindbar.

Die Gründe dafür sind zahlreich. Wer macht sich schon einmal die Mühe, über einen Psalm zu predigen oder wenigstens den einen oder anderen Vers in seine Verkündigung miteinzubeziehen? Eigentlich sonderbar, da doch das tägliche Stundengebet sich zu großen Teilen aus dem Psalter speist!

Was wird unternommen, um die Fremdheit der Sprache, Bilder und Vorstellungen zu überwinden? Psalmenübertragungen, z.B. von Jörg Zink, Arnold Stadler oder anderen, könnten das Wunder des Aha-Erlebnisses sich ereignen lassen.

Viele Psalmlieder wollen Gott loben und preisen, wollen ihm spielen, wollen tanzen und jubeln. In einer trockenen, abgezirkelten Sprache, noch dazu eingezwängt in einen „tonus-rectus-Vollzug", erstirbt jede Emotion, jede Seelenäußerung. (Woher bei den evangelischen Brüdern und Schwestern die Scheu rührt, die Psalmen nicht zu singen, bleibt mir ein Rätsel.)

Wer einmal einen jüdischen Kantor im Gottesdienst erlebt hat, wie er mit allen Fasern seiner Seele dem Lob oder der Klage Gestalt gegeben hat, der kann diese Gesänge gleichsam von Amts wegen nicht mehr persolvieren. Sie wollen gesungen werden!

Im Blick auf unsere Gemeinden weiß aber nun jeder, dem am Psalmengesang viel liegt, wie schwer es ist, einen Kantor oder eine Kantorin zu finden. Die Ansprüche an dieses Amt sind eben höher als die an einen Lektor oder eine Kommunionhelferin.

Eine weitere Schwierigkeit kommt hinzu: das Fehlen wirklich überzeugender, auch emotional ansprechender Vertonungen. Vieles, was unter Kantorengesängen rangiert, wirkt dürr, leblos, wie ausgebrannt. Da ist wenig zu spüren von echter Freude und Begeisterung oder vom Ruf

nach Solidarisierung bei Leid, Verfolgung oder üblen Nachstellungen. Vor allem bei festlichen Gottesdiensten stoßen die staubtrockenen Psalmrezitationen besonders übel auf. Diese Art, früher einmal wegen ihrer sogenannten „liturgischen Objektivität“ gerühmt, wird heute zu Recht als Vergewaltigung und Zerstörung von Sprache empfunden. Müssten nicht auch die Sängerinnen und Sänger der Psalmen vom selben Eifer getrieben sein wie die Verkünder der Frohen Botschaft: „Wir können nicht schweigen über das, was wir gesehen und gehört haben“ (Apg 4,20)?
Es ist zu hoffen, dass bei der Erarbeitung des neuen Gebet- und Gesangbuches auch überzeugende Formen und ansprechendere Psalmgesänge geschaffen werden. Freilich nützen auch die besten Lieder nichts, wenn sie nicht vor Ort mit Eifer, Engagement und Kreativität zum Leben erweckt werden.

3. Unbefriedigend und nicht bewährt

Die Zeit nach dem II. Vatikanischen Konzil hat sich in vielfältiger Weise bemüht, die Schätze des Psalters wieder ans Tageslicht und in das Bewusstsein der Gläubigen zu heben. Die Praxis des wechselchörigen Lesens ist vor allem im evangelischen Gottesdienst zu Hause, wird aber auch in katholischen Liturgien geübt. Bei dieser Form geht allerdings das Besondere der Psalmenlieder – ihre Poesie, ihre Bilder und die Schönheit ihrer Sprache und Form – verloren, wird eingeebnet und plattgetreten. Das Bemühen, im gemeindlichen Gleichschritt zu bleiben, nicht vorauszueilen oder nachzuhinken, verhindert einen tieferen Zugang zur Dramatik des inneren oder äußeren Geschehens. Der Weg zu einem geschäftigen Geplapper ist oft nicht weit.
Das Psalmsingen in zwei Gruppen ist vor allem von den Klöstern bekannt. Die sogenannte antiphonale Psalmodie verlangt ein hohes Maß an Sensibilität und einen vertrauten Umgang miteinander. Das Aufeinander-Hören und das gemeinsame Schwingen sind Grundvoraussetzung für ein fruchtbares Cantillieren. Deshalb dürfte diese Form festen Gruppierungen, die sich regelmäßig zum Gebet zusammenfinden, vorbehalten bleiben.

Alle Vollzugsformen, die der Routine oder Gedankenlosigkeit Vorschub leisten, sollten vermieden werden. Nicht der liturgisch quantitative Vollzug bringt Nahrung für die Seele, sondern das immer neue Bemühen, in die Geheimnisse des göttlichen und menschlichen Lebens hineinzuhorchen und hineinzuwachsen. Auch hier gilt, was ein Dirigent seinen Sängerinnen und Sängern immer wieder zurief: Singen Sie nicht Töne, singen Sie Worte!

4. Erprobt – bestanden

„Danket dem Herrn, denn er ist gütig,
  denn seine Huld währt ewig!
Danket dem Gott aller Götter,
  denn seine Huld währt ewig!
Danket dem Herrn aller Herren,
  denn seine Huld währt ewig!“

Sechsundzwanzigmal fällt die Gemeinde dem Sänger gleichsam ins Wort, um die geschenkte, unfassbare Huld ihres Gottes auszurufen und zu feiern. Dieser 136. Psalm ist zum Prototyp der sogenannten responsorialen Psalmodie geworden. Ein Sänger aus dem Volk erzählt also von den Großtaten seines Gottes, und die Gemeinde hört nicht nur zu, sondern klinkt sich gleichsam in die große Danklitanei ein mit einem gleichbleibenden Ruf (Responsum).
Wir haben gute Gründe anzunehmen, dass dieser Dialog sich nicht in wohlfeilen Tönen vollzog, dass vielmehr die 26 Anrufungen sich zu einem gewaltigen Crescendo steigerten. Der Vitalität und Spontaneität waren auf beiden Seiten wohl keine Grenzen gesetzt.
Diese jüdische Gottesdienstpraxis wurde schnell von den Christen übernommen. Im 4. Jahrhundert ist sie schon fest in der christlichen Kirche verankert, in der Zeit, wo die griechische Liturgiesprache von der lateinischen Muttersprache abgelöst worden war. Die responsoriale Psalmodie ist somit die älteste Form, die Gemeinde an den Erfahrungen der alttestamentlichen Psalmendichter zu beteiligen.

Godehard Joppich, der sich um die Klangrede des Gregorianischen Gesangs und ihre Verlebendigung höchste Verdienste erworben hat, veröffentlichte 2005 in dritter, überarbeiteter Auflage das Buch der „Preisungen“. Darin hat er 124 Psalmen für die responsoriale Vortragsweise eingerichtet.[2] Diese Form hat sich sowohl in der Eucharistiefeier, wie in der Tagzeitenliturgie wie in anderen Feierformen bewährt.

5. Thema mit Variationen

Neben dieser altbewährten, strengen Form der Beteiligung der Gemeinde am Psalmengesang haben sich viele andere im Laufe der Jahrhunderte herausgebildet. Eine erste Erweiterung erfuhr das Responsum durch die Antiphonen und Kehrverse. Auch im Deutschen haben sich durch das „Gotteslob“ inzwischen zahlreiche Kehrverse in die Herzen der Gläubigen eingesungen: z.B. Nr. 122,1; 126; 153,1; 171,2; 173,1; 177; 253,1; 496; 627,2; 646,1 u.a.m. Das „Kantorenbuch für das Gotteslob“[3] sowie das „Münchener Kantorale“[4] als Fortentwicklung des Grundgelegten waren Pioniertaten. Dies schließt nicht aus, vielmehr ein, dass die Suche nach variablen und neuen Formen weitergeht. Erfahrungen, vor allem in europäischen Ländern, machen neugierig. Ein faszinierendes Feld der Gestaltung bieten Kombinationen von Liedstrophen, Antiphonen, Akklamationen, Orgel- und Instrumentalimprovisationen, gesprochenen, kantillierten, gesungenen Texten u.a.m.
Wichtig bei allem ist, dass die Gemeinde immer in irgendeiner Weise am Vollzug mitbeteiligt ist. Dabei darf sie nicht überfordert, aber auch nicht unterfordert sein.
Bei festlichen Gottesdiensten fallen die Psalmengesänge oft dürftig und einfallslos aus. Gerade vor dem Hintergrund einer opulenten Kirchenmusik dürften die Psalmlieder nicht so erbärmlich geraten und damit ins Aus fallen. Hier demonstrieren die kirchenmusikalisch Verantwortlichen, dass die Psalmengesänge nicht zu ihren liebsten gehören.
Das inzwischen überreiche und farbige Repertoire aus der Brüdergemeinschaft von Taizé bietet eine Fülle von Antiphonen, Kehrversen, Rufen u.a. Die Gemeinden haben bereits viel von ihnen für ihre Gottes-

dienste erobert. Es tut unseren manchmal eher trockenen, akademisch stilisierten Liturgien gut, wenn Zeugnisse französischer Mentalität und Spiritualität in unsere Feiern und Herzen Einzug halten. „Laudate omnes gentes", „Exaltabo te, Deus meus", „Misericordias Domini" usw. sind bereits zu Klassikern geworden. Sie setzen Herzenssaiten in Schwingung, die bei uns Gefahr laufen, zu erschlaffen.
Einen ähnlichen Reichtum an geistlichen Gesängen wie in Taizé kann man auch in Amsterdam bei seinen Protagonisten Huub Oosterhuis und Bernard Huijbers entdecken.[5] Ihre Psalmengesänge haben ihre unverwechselbare Handschrift und strahlen trotz einer bewussten Formelhaftigkeit Ausdrucksstärke und Lebendigkeit aus. Mit deutschen Texten unterlegt sind sie im Osnabrücker „Lehrhaus und Liturgie" erschienen. Ihre leichte Ausführbarkeit und Authentizität haben ihnen bereits den Weg in viele Gemeinden und Gemeinschaften geebnet. Es entspricht ganz dem liturgischen Verständnis der Initiatoren, dass die Gemeinde wesentlich an Gesängen mitbeteiligt wird.

6. Nur ein Grenzfall?

Eine besondere Form des Psalmsingens ist noch nicht erwähnt worden, weil sie in den Augen der Liturgen von der strengen Observanz nicht einmal als Ausnahme zu billigen ist: die Psalmenlieder.
Ihre Geburtsstunde liegt in der Zeit der Reformation und Gegenreformation. Luther und die anderen Reformatoren wollten die Gläubigen an dem Reichtum des Psalters beteiligen. Nachdem sie aber mit den aus der katholischen Liturgie überlieferten Psalmtönen schlechte Erfahrungen gemacht hatten, kreierten sie die Psalmlieder, freie Nachdichtungen, die in klassische Formen von strophischen Liedern gegossen wurden. Zum Teil griffen sie zu bereits bekannten Melodien, was das Erlernen natürlich vereinfachte.
Diese Lieder erfreuten sich allergrößter Beliebtheit und waren aus den Gottesdiensten wie aus den häuslichen Andachten nicht mehr wegzudenken. Es dauerte nicht lange, bis auch die Katholiken Geschmack an den neuen Errungenschaften gefunden hatten. Und so entstand z.B. der

bekannte Ulenberg-Psalter. Das „Gotteslob“ hat einige Lieder dieser Gattung aufgenommen, etwa „Nun jauchzt dem Herrn alle Welt“ (nach Psalm 100), „Nun singt ein neues Lied dem Herrn“ (nach Psalm 98) oder „Kommt herbei, singt dem Herrn“ (nach Psalm 95). Das neue evangelische Gesangbuch zählt mehr als 30 Psalmlieder.
Die Erfahrung zeigt, dass diese Gesänge von den Menschen sehr gerne gesungen werden wegen ihrer Frische und oft tiefen Emotionalität. Die Liturgen führen vor allem zwei Gründe gegen sie an: l. Die freien Nachdichtungen würden sich oft vom Urtext zu weit entfernen und seien nicht immer ideologiefrei. 2. Die responsoriale oder antiphonale Form der Psalmgestalt sei eine wichtige liturgische Form, die der gerade in Deutschland eingefleischten „Verliederung“ entgegenwirken müsse.
Im praktischen Vollzug wird man einen Kompromiss anstreben. Fakt ist, dass einige Psalmlieder zur festen „Speise“ für viele geworden sind. Über die Melodien sind die Psalminhalte in die Köpfe und Herzen der Gläubigen gelangt, auf der anderen Seite ist nicht zu bestreiten, dass das Singen von strophischen Liedern wieder zunimmt, „weil es die Leute so wollen“. Damit geht nicht nur die liturgische Formenvielfalt verloren, vielmehr wird auch die Grundstruktur der Liturgie als eines dialogischen Geschehens zurückgedrängt.
Ein Kompromiss könnte etwa so aussehen: Wenn in einer Eucharistiefeier die Eröffnungsgesänge, also Introitus, Kyrie und Gloria als Wechselgesänge vollzogen werden, wäre als Antwortpsalm durchaus ein Psalmlied zu vertreten. Auch bei einer solchen Lesung könnte der Chor mitbeteiligt werden, z.B. durch eine Psalmmotette.
Gerade beim Psalmengesang bieten sich attraktive Lösungen an im Zusammenspiel von Gemeinde, Kantor, Schola, Chor (Chören) und diversen Instrumentalisten. Der Kreativität sind keine Grenzen gesetzt. Freilich setzt die Auswahl und der Umgang mit diesen musikalischen Bauelementen eine hohe Sach- und Feierkompetenz voraus.
Viele Modelle, die sich bereits in der Praxis bewährt haben, finden sich z.B. in den drei bisher erschienenen Büchern „Morgenlob – Abendlob. Mit der Gemeinde feiern“.[6] Die ganze Palette musikalischer Formen, angefangen von der Gregorianik bis zum Neuen Geistlichen Lied, wurde dort in Dienst genommen. So entstanden z.T. sehr spannungsreiche

„Kompositionen", die vertraute Texte in neuem Licht aufleuchten ließen, neue Bezüge herstellten und ihre Relevanz beglückt oder auch bedrängend zur Erfahrung brachten.

7. Ermunterung

„Wir ersticken an unserer Redlichkeit" (F. Steffensky). Wer sich in die Welt der Psalmen begibt, wird diesem Tod mit Sicherheit entgehen. Er wird wahrscheinlich das erfahren, was der hl. Augustinus in die trefflichen Worte gefasst hat: „Du hast mich angerührt – und ich bin in Flammen gestanden von Dir." Dann werden die Psalmen keine Wortgirlanden mehr sein, keine fremde, mich langweilende Landschaft, sondern vielleicht die erste Wegstrecke in das himmlische Jerusalem. Dann „will ich besingen, was ich nicht mehr glauben kann" (Theresia vom Kinde Jesu, wenige Monate vor ihrem Tod).

Eduard Nagel

Mit oder ohne Kommunion?

„Mit oder ohne Kommunion?“, lautet eine Frage, an der sich die Gemüter erhitzen, wenn es um Wort-Gottes-Feiern anstelle der sonntäglichen Eucharistiefeier der Gemeinde geht. Im Folgenden wird anhand der Entwicklung dargestellt, welche Motive und Überlegungen in dieser Frage in den letzten Jahrzehnten maßgebend waren, um daraus zu folgern, was in dieser Frage heute zu beachten ist.

1. Aus der Not geboren: der verlängerte eucharistische Tisch

Eine oft sehr kleine Schar von Gläubigen am Ort, weite Wege und mangelnde Verkehrsmittel ließen in der Diasporasituation der einstigen DDR nicht zu, das zu tun, was Christen seit der Auferstehung ihres Herrn an jedem ersten Tag der Woche tun: zusammenkommen, um des Herrn in seinem Wort und im Brotbrechen zu gedenken. So war es für die katholischen Christen eine Frage des Überlebens als Kirche, dass sie eine Form der sonntäglichen Versammlung fanden, die auch dort funktionierte, wo kein Priester hinkam.
Versammeln, ja das konnten sich die Gläubigen sonntags auch in der Diaspora, wenigstens als kleine Gemeinschaft, und sie konnten auch Gottes Wort, die Heilige Schrift, lesen und hören. Für das „Brotbrechen“ fanden sie eine Lösung: Einer von ihnen machte sich schon früh auf den Weg dorthin, wo ein Priester mit der Gemeinde an diesem Tag das Herrenmahl feierte. Von dort brachte der Diakonatshelfer, wie solche Gläubige genannt wurden, die Speise, die der Herr selbst ist, zu seinen Schwestern und Brüdern, die sich inzwischen versammelt hatten. So konnten auch sie gleichsam an dem weit ins Land hinein verlängerten

Altartisch Platz nehmen, Gottes Wort hören, wie es an diesem Tag in der Kirche weltweit verkündet wurde, und sich stärken am Brot des Lebens.

Als in den 1970er-Jahren auch im Westen Deutschlands aufgrund zurückgehender Priesterzahlen nicht mehr alle Filialkirchen und Kapellen, in denen bis dahin ganz selbstverständlich Eucharistie gefeiert worden war, mit einer Sonntagsmesse „versorgt“ werden konnten, griffen pastorale Pioniere auf dieses Modell zurück. Es entstand der „priesterlose Sonntagsgottesdienst“ unter Leitung eines oder mehrerer Laien, meist in der Form des Wortgottesdienstes der Messfeier des Tages mit angehängter Kommunionausteilung aus dem Tabernakel.

Es ist nicht überliefert, wieweit bereits zu diesem Zeitpunkt Verantwortlichen der gravierende Unterschied zwischen der Form im Osten Deutschlands und der im Westen bewusst war: Im Osten empfingen die Gläubigen die Kommunion aus der Feier der Eucharistie an diesem Tag, im Westen dagegen aus dem Tabernakel. Etwas überspitzt gesagt: Im Osten nehmen sie teil an der aktuellen Feier „ihrer“ Gemeinde; im Westen ist die Kommunion eine eigene, von der Feier selbst losgelöste Frömmigkeitsform. Die Vernachlässigung dieses Unterschieds rächt sich bis heute im Streit um die Frage: Wort-Gottes-Feier mit oder ohne Kommunion? Doch der Reihe nach!

2. Kommunionfrömmigkeit kontra eucharistische Feierfrömmigkeit

Katholische eucharistische Frömmigkeit war seit dem Mittelalter in erster Linie Anbetungsfrömmigkeit. Die Feier der Eucharistie war für das gläubige Volk ein Mysterium, dem man „beiwohnte“ und während dessen Vollzug durch den Priester von den Gläubigen verschiedenste Andachten verrichtet und/oder Lieder gesungen wurden. Höhepunkt des Mitfeierns war das Anbeten der vom Priester hoch erhobenen gewandelten Hostie und des Kelchs. Der Kommunionempfang beschränkte sich auf wenige Gelegenheiten im Jahr. Weil seine Bedeutung im Bewusstsein der Gläubigen für ihr geistliches Leben gering war, musste

sogar ein Mindestmaß – einmal jährlich und zwar zur österlichen Zeit – per Gesetz vorgeschrieben werden.
Auf diesem Hintergrund war das Dekret Pius' X. von 1905 über die häufige Kommunion ein Anstoß für eine neu aufblühende Kommunionfrömmigkeit. Die häufige Kommunion wurde für viele Gläubige zum zentralen Ereignis ihrer Spiritualität. Liturgisch Bewegte sahen darin auch – neben der Anbetung der gewandelten Gaben – den Höhepunkt ihrer Mitfeier der heiligen Messe; liturgisch weniger Gebildeten war der Zusammenhang mit der Feier der Eucharistie nicht wichtig. So wurde in manchen Beichtkirchen noch in den 50er-Jahren des 20. Jahrhunderts regelmäßig jede halbe Stunde die Kommunion für jene ausgeteilt, die zuvor gebeichtet hatten. In der Heimatgemeinde des Verfassers wurde an Sonntagen beim Hochamt die Kommunion vor und nach der Messe, nicht aber während derselben den Gläubigen gereicht. Für die Gläubigen wurden immer so viele Hostien auf Vorrat konsekriert, wie die Ziborien fassen konnten. Diese von der Feier der Eucharistie isolierte Kommunionfrömmigkeit prägte unbewusst noch weitgehend das Empfinden der Gläubigen, als in den 70er-Jahren im Westen Deutschlands die ersten „priesterlosen Sonntagsgottesdienste“ aufkamen. Obwohl sie im Streit um die Kommunion in der Wort-Gottes-Feier bis heute im Hintergrund eine wichtige Rolle spielt, wird sie in der diesbezüglichen Argumentation kaum wahrgenommen.

3. Eine fragwürdige Praxis als Norm

Actuosa participatio – „tätige Teilname“ ist das Schlüsselwort der Liturgiereform des Zweiten Vatikanischen Konzils, Volkssprache und „Volksaltar“ sind die herausragenden Merkmale. Eucharistische Frömmigkeit heißt nun in erster Linie, ohne den Wert von Anbetungs- und Kommunionfrömmigkeit zu schmälern, Feierfrömmigkeit. Teilnahme bedeutet jetzt, sich auf den Dialog einzulassen. Er geschieht von Gott her in der Verkündigung des Wortes Gottes und der Verwandlung der Gaben von Brot und Wein durch den Großen Lobpreis, das Hochgebet, sowie im Brechen des Brotes zur Austeilung an alle. Auf Seiten der Gläubigen entspricht dem das aufmerksame Hören dieses Wortes, die ausdrückliche Antwort durch Gebet, Gesang, Gesten und Haltungen sowie der Empfang von Leib und Blut des Herrn.

Alle sind also nicht nur Zuschauer und Hörer und individuell Betende, sondern haben Anteil. Sie sind mit ihrer Existenz und mit allem, was sie einbringen, Teil der Feier selbst. So gipfelt die Feier und die persönliche Frömmigkeit im gleichen Akt: im Empfang der gewandelten Gaben. In ihm kommt die Vereinigung des Gläubigen mit seinem Herrn, der sich selbst dargebracht hat und dessen Opfer in der Feier gegenwärtig geworden ist, zur Vollendung.

An diese Frömmigkeit versucht man bei der Einrichtung „priesterloser Wortgottesdienste" in den 70er- und bis in die 80er-Jahre anzuknüpfen, indem die Gestalt dieser Feiern sich möglichst weitgehend an der Gestalt der Eucharistiefeier orientiert. Das reicht in Einzelfällen so weit, dass sogar Teile des Hochgebets gesprochen werden und nur auf die Einsetzungsworte – die dem Priester vorbehaltene „Wandlung" – verzichtet wird. Die Folgen wecken bald erste Zweifel an der Richtigkeit solcher Praxis: Weil Gläubige äußern, dass ihnen „die Messe der Gemeindereferentin" nicht weniger gefalle als die des Pfarrers, erheben sich warnende Stimmen, die in der Gestaltung klare Unterschiede fordern oder sogar nahelegen, grundsätzlich für „priesterlose Gottesdienste" andere Formen zu wählen, vor allem Laudes oder Vesper.

Wo „Wortgottesdienste mit Kommunionfeier" bereits eingeführt sind, verhallen solche Warnungen ungehört: Die Beliebtheit bei den Gläubigen, denen diese Form die gewohnte sonntägliche Kommunion ermöglicht, scheint die Richtigkeit zu bestätigen. Wo Hauptamtliche die Leitung haben, macht ihnen diese Tätigkeit Freude und gibt ihnen ein Stück Identität in der Gemeinde. Wo die Frage der Kommunionausteilung thematisiert wird, taucht häufig das Argument auf, zu reinen Wortgottesdiensten kämen sehr viel weniger Gläubige. Diskussionen über diese Frage werden nicht selten sehr emotional geführt; liturgietheologische Argumente, wie der Eigenwert des Wortes Gottes oder die Einheit der Feier der Eucharistie und der Zusammenhang von Hochgebet und Kommunion, werden von den Befürwortern der Kommunion kaum wahrgenommen.

In dieser Entwicklung rächte sich ein gravierender und bis heute noch kaum erkannter Mangel in der eucharistischen Feierkultur. Während für eine lebendige Ausgestaltung des Wortgottesdienstes der Eucharistiefeier vor allem in sogenannten Familiengottesdiensten großer Aufwand getrieben wird, wird der eucharistische Teil der Feier als Pflichtprogramm des Priesters gestalterisch vernachlässigt. Der Ritus des Brot-Brechens, der in der frühesten Zeit der Kirche der ganzen Feier ihren Namen gab, wird beschränkt auf das Brechen einer einzigen Hostie. Es wird weithin regelmäßig ein bedeutender Teil der auszuteilenden Hostien aus dem Tabernakel genommen. Dort wird weit mehr als der für den Ausgleich notwendige Vorrat aufbewahrt. Das Angebot der Kommunion unter beiden Gestalten beschränkt sich auf die Dienste der Lektoren und Kommunionhelfer. Dabei hatte schon Pius XII. 1947 in seiner Enzyklika „Mediator Dei" gefordert, was das Zweite Vatikanische Konzil in „Sacrosanctum Concilium", der Liturgiekonstitution, in die Worte fasste: „Mit Nachdruck wird jene vollkommenere Teilnahme an der Messe empfohlen, bei der die Gläubigen nach der Kommunion des Priesters aus derselben Opferfeier den Herrenleib entgegennehmen" (SC 55). Die gedankenlose Praxis der regelmäßigen Austeilung der Kommunion aus dem Tabernakel verhindert bis heute, dass sich eine echte eucharistische Feierfrömmigkeit entwickelt. Denn die Kommunion ist nicht nur eine persönliche Frömmigkeitsübung, sondern ist eingebettet in die Einheit der Feier von der Gabenbereitung über den Großen Lobpreis des Hochgebets, das über Brot und Wein gesprochen wird, und über die Brotbrechung bis zum Empfang unter den beiden Gestalten Brot und Wein.

4. Das unterschätzte Wort Gottes

Ähnlich wie der Einheit von Hochgebet und Kommunion ergeht es bei Auseinandersetzungen um die Frage der Kommunionspendung in „Sonntäglichen Gemeindegottesdiensten ohne Priester" lange Zeit der Gegenwart des Herrn in seinem Wort sowie seiner Gegenwart in der Versammlung als solcher. Beides wird verbal akzeptiert und nicht be-

stritten, aber in seiner Bedeutung faktisch nicht erkannt und kommt emotional nicht zum Tragen. Im Grunde ist hier eine zentrale Weichenstellung des Zweiten Vatikanischen Konzils erst halbherzig umgesetzt. Deutlicher, als es je zuvor geschehen war, hatte das Konzil den Eigenwert des Wortes Gottes als Teil eines jeden Gottesdienstes und die Bedeutung der Versammlung herausgestellt: „Gegenwärtig ist er (Christus) in seinem Wort, da er selbst spricht, wenn die heiligen Schriften der Kirche gelesen werden. Gegenwärtig ist er schließlich, wenn die Kirche betet und singt, er, der versprochen hat: ‚Wo zwei oder drei versammelt sind in meinem Namen, da bin ich mitten unter ihnen' (Mt 18,20)" (SC 7).
In der Freude über die wiedergewonnene Volkssprache als Liturgiesprache hatte man vor allem den katechetischen Aspekt der Wortverkündigung entdeckt, weniger aber die Gegenwart des Herrn in dem lebendig verkündeten Wort und in der zur Feier dieses Wortes versammelten Gemeinde. Wo nicht verstanden wird, dass das Wesen der Wort-Gottes-Verkündigung im Gottesdienst nicht nur in der Unterweisung, sondern besonders in der Heilszusage besteht und dass als entsprechende Antwort darauf weniger ein intellektuelles Verstehen und mehr Gebet und Gesang, Bekenntnis und Lobpreis gefordert sind – wo ein solches Verständnis fehlt, wird das Plädoyer für einen reinen Wortgottesdienst am Sonntag leicht als Kommunionverweigerung erfahren.

5. Widersprüchliche Regelungen

Die Einführung und Gestaltung sonntäglicher Wort-Gottes-Feiern war zunächst eine pastorale Frage. Die konkrete Gestalt entwickelte sich – nicht zuletzt mangels offizieller Hilfen – oft auf Gemeindeebene, bis unterschiedliche Praktiken zu Auseinandersetzungen führten und nach verbindlichen Kriterien und Richtlinien verlangten. So kam es, dass gerade bei der Entscheidung über die angemessene Form zunächst vor allem pastoral-praktische Gesichtspunkte im Vordergrund standen, weniger aber theologisch-systematische.

Ganz besonders gilt dies für die Frage der Verbindung eines Wortgottesdienstes mit der Kommunionausteilung. So spricht z.B. die Gemeinsame Synode der Bistümer in der Bundesrepublik Deutschland durchaus theologisch über die Bedeutung des Sonntags und der gottesdienstlichen Versammlung der Gemeinde am Sonntag.[1] Bei der Frage der Gestaltung sonntäglicher Gemeindegottesdienste ohne Priester aber empfiehlt sie ganz selbstverständlich, die „dafür möglichen Elemente der Meßfeier zu übernehmen: Schriftlesung des Tages, Auslegung durch einen zur Predigt Bevollmächtigten oder einen verlesenen Text, Gesänge, Gebet, Fürbitten, Vorbereitungs- und Abschlußgebet zur Spendung der Eucharistie“[2] und verweist auf das „Gotteslob“, Nr. 370, wo die Kommunion ebenfalls vorausgesetzt ist. Auch can. 918 CIC 1983 lässt sich zugunsten der Kommunionspendung anführen: „Es wird mit Nachdruck empfohlen, daß die Gläubigen in der Feier der Eucharistie selbst die heilige Kommunion empfangen; wenn sie jedoch aus gerechtem Grund darum bitten, ist sie ihnen außerhalb der Messe zu spenden; dabei sind die liturgischen Riten zu beachten.“
Konsequent dazu zählt das Direktorium „Sonntäglicher Gemeindegottesdienst ohne Priester“, das die Kongregation für den Gottesdienst am 2. Juni 1988 veröffentlichte, unter den Elementen einer solchen Feier ganz selbstverständlich einen Kommunionteil auf.[3]
Auf der anderen Seite werden seit Ende der 70er-Jahre auch Warnungen laut, die auf die Verwechselbarkeit solcher Feiern mit der Eucharistiefeier selbst aufmerksam machen und auch das dahinterstehende theologische Konzept infrage stellen. Damit erwacht bei der kirchlichen Autorität ein entsprechendes Problembewusstsein, das jedoch zunächst nur zu halbherzigen Konsequenzen führt. So geben die deutschen Bischöfe 1983 in einem internen Papier an die Diözesen die Empfehlung, beim Erlass neuer Richtlinien Wortgottesdienste ohne Kommunionspendung zu favorisieren. In der zweiten Hälfte der 90er-Jahre versuchen die deutsch-schweizerischen Bischöfe, die österreichischen Bischöfe und einzelne deutsche Bischöfe, durch klare Richtlinien Wort-Gottes-Feiern am Sonntag ohne Kommunionspendung durchzusetzen. In der Praxis ändert sich dadurch wenig. Vor allem dort, wo die Feiern mit Kommunionspendung bereits seit langem eingeführt sind,

scheint eine Umstellung auf reine Wort-Gottes-Feiern selbst angesichts großer Anstrengungen unerreichbar.
In jüngster Zeit gewinnt ein weiterer Aspekt an Bedeutung, der in Verlautbarungen einzelner Bischöfe einen Niederschlag findet: die Frage nach den Konsequenzen, die ein von Laien geleiteter regelmäßiger und häufiger sonntäglicher Gemeindegottesdienst anstelle der Eucharistiefeier für das Amtsverständnis des Priesters bei ihm selbst und bei den Gläubigen langfristig hat. Die notwendige Neustrukturierung der Seelsorge ist Anlass und Gelegenheit, neu nach der Funktion des Priesters, nach der Bedeutung der sonntäglichen Eucharistie für die Gemeinde und nach dem Kirchenbild überhaupt zu fragen und ein für die Zukunft tragfähiges Konzept zu entwickeln. Als ein wesentliches Ziel zeichnet sich dabei die eine Eucharistiefeier in jeder eigenständigen Gemeinde ab; Wort-Gottes-Feiern sind nur noch als Ausnahme vorgesehen und sollen nach dem derzeitigen Stand der Dinge die Kommunionausteilung nicht einschließen.

6. Wichtige Aspekte in einer Zeit des Umbruchs

1. Angesichts der bisherigen widersprüchlichen Regelungen und angesichts der Umbruchsituation im Zuge der erforderlichen Umstrukturierungen, die für viele Gemeinden schmerzhafte Konsequenzen hat und Gläubigen Angst macht, droht jede lupenreine Lösung, die von den Gläubigen nicht verstanden und nicht bejaht wird, mehr Schaden anzurichten als eine theologisch zwar unbefriedigende, aber von den Gläubigen angenommene Praxis.
2. Der Wort-Gottes-Feier mit Kommunionspendung fehlt von beiden Seiten her Wesentliches. Die Verbindung zeigt einen Mangel von Glauben an die wirkliche Gegenwart des Herrn in der zur Feier des Wortes Gottes versammelten Gemeinde an. Die von der eucharistischen Feier getrennte Kommunion wird wichtigen Aspekten einer umfassenden eucharistischen Frömmigkeit nicht gerecht, die von der Einheit der Feier ausgeht.
3. Wo sich eine Gemeinde am Sonntag zu einer Wort-Gottes-Feier an-

stelle der Eucharistiefeier versammelt, ist grundsätzlich die Form des reinen Wortgottesdienstes, also ohne Kommunionspendung, anzustreben. Das kann jedoch, insbesondere dort, wo die Wort-Gottes-Feier mit Kommunionspendung bereits Tradition ist, nur behutsam und mit entsprechender Vorbereitung geschehen.

4. Die wesentliche und unverzichtbare Vorbereitung der Gemeinde auf reine Wort-Gottes-Feiern geht in zwei Richtungen:
   - Unterweisung und Einübung der Gläubigen in die Feier des Wortes Gottes, das als Zusage an die versammelten Menschen verstanden wird, auf die sie in Gebet und Gesang entsprechend antworten. Diese Einübung soll sowohl durch eine entsprechende Gestaltung des Wortgottesdienstes der Eucharistiefeier als auch durch die Pflege nicht-eucharistischer Gottesdienstformen geschehen.
   - Intensive Pflege des eucharistischen Teils der Messfeier in allen seinen Elementen: Gaben darbringen, Hochgebetsakklamationen musikalisch gut gestalten, Brotbrechung, regelmäßiges Angebot der Kommunion unter beiden Gestalten.
5. Immer muss als Ziel liturgischen Feierns vor Augen stehen: Es dient Gott zur Ehre und den Menschen zum Heil. Sorgen, Ängste und Bitten von Gläubigen sind ernst zu nehmen. Eine Kommunionfrömmigkeit, die den Bezug zur Eucharistiefeier wenig im Auge hat, ist eine echte Frömmigkeit, die sich nicht zur rechtfertigen braucht. Es ist Sache der Pastoral, diese weiterzuentwickeln zu einer eucharistischen Feierfrömmigkeit, innerhalb deren auch der Eigenwert der Feier des Wortes Gottes aufleuchtet.
6. Wo eine echte eucharistische Feierfrömmigkeit erreicht ist, wird die Frage der Verbindung einer Wort-Gottes-Feier mit der Kommunionspendung sekundär. Das kann zur Folge haben, dass die Gläubigen die reine Wort-Gottes-Feier als Form im Notfall anstelle der Eucharistiefeier voll bejahen und gerne annehmen. Wenn ihnen dies schwerfällt, werden sie den „Mehrwert“ der Eucharistiefeier – Darbringung, Hochgebet, Brechung, Kommunion unter beiden Gestalten, die Leitung durch den Priester als eines besonderen Repräsentanten Christi und seiner universellen Kirche – und das Defizitäre einer Kommunionspendung außerhalb dieser Feier selbst empfinden.

Karl Schlemmer

Zeichen in der Wort-Gottes-Feier

Zu Jahresbeginn 2005 war ich gebeten worden, bei einem Studientag der Johannes-von-Kreuz-Akademie in Erlangen einen Vortrag zum Thema „Heil und Heilung mit Hilfe der Esoterik?“ zu übernehmen. Bei der intensiven Vorbereitung meiner Ausführungen, verbunden mit einem konzentrierten Studium der einschlägigen Literatur, wurde mir bewusst – und die Erfahrungen dieses Tages bestätigten es mir –, dass wir als Kirchen sehr wohl durch gewisse Formen von Liturgie dem Esoterikspuk gegensteuern könnten, wenn das Gottesdienstangebot unserer Gemeinden flexibler und reichhaltiger wäre, als es seit Jahrzehnten vielfach ist. Und genau hier liegen die großen Defizite; denn fast überall werden nur eucharistische Gottesdienste gefeiert, eine wahre Messinflation ist ausgebrochen, während die vielen anderen Formen christlicher Liturgie an den Rand gedrückt oder völlig beiseite gelassen wurden. Die Eindrücke dieses Studientages ließen mich darangehen, einen Segnungs- und Salbungsgottesdienst zu konzipieren, in dem die Wortverkündigung mit Schriftlesungen und Homilie den ihr zustehenden Raum erhielt. Inzwischen habe ich ihn bei verschiedenen Gelegenheiten, zweimal sogar als ökumenischen Gottesdienst, gefeiert. Jedes Mal waren die Mitfeiernden, und auch die Vorsteher/innen, zutiefst berührt und ergriffen. Denn gerade das segnende Handauflegen und das Salben mit gesegnetem Rosenöl setzen erfahrungsgemäß einen inneren Prozess in Gang, der immer weitergeht und der allen Heilsames bringt, wenn sie sich betend öffnen und im Vertrauen Gott übergeben. Dadurch wird vieles im Leben verändert, man geht gelassener mit den Alltagsdingen um und erkennt immer mehr die Wirklichkeit des Göttlichen in allen und in allem. Nicht zuletzt auf diese Weise könnten von christlicher Seite die Verlockungen der Esoterik relativiert und Spiritualität im Alltag könnte gelebt werden. Damit dies gelingt, ist es notwendig, den Sinn und die Kraft der Symbole und Zeichen zu erkennen und sensibel einzuordnen.

1. Zeichen und Symbole als Ausdruck des Religiösen

In unserem Leben spielen Zeichen und Symbole eine große Rolle. Lehrer und Schüler warten auf das Glockenzeichen, das den Beginn oder das Ende einer Unterrichtsstunde anzeigt. Verkehrszeichen regeln unser Verhalten auf den Straßen. Unsere innersten Gefühle und Empfindungen bringen wir durch Zeichen zum Ausdruck. Gott tut im Grunde dasselbe. Er gibt uns Zeichen von sich. Sein letztes und entscheidendes Zeichen ist die Menschwerdung seines Sohnes. Wenn wir Christen daher über Zeichen und Symbole reden, dann müssen wir zuerst von Krippe und Kreuz sprechen. Denn das göttliche Wort, das Mensch wurde, das bis hinein in den Tod Mensch wurde, ist das absolute Symbol. Christus ist das Symbol im eminenten Sinn von Zeichen und Wirklichkeit. Er ist „das Bild des unsichtbaren Gottes" (Kol 1,15), er ist Erkennungszeichen und Heilszeichen zugleich.

Darum ist die Fähigkeit zu Zeichen und die Beschäftigung mit ihnen eine unerlässliche Voraussetzung zum Glauben. Wo es um die Beziehung des Menschen zu Gott, zum Transzendenten-Unbedingten geht, ist der Mensch ausschließlich auf Symbole und Zeichen verwiesen. Man kann über Gott theoretisch in Begriffen sprechen, die rein rational und nicht symbolisch sind. Wenn wir aber unsere Erfahrung mit dem sich offenbarenden, sprechenden und handelnden Gott ins Spiel bringen, dann kommen wir ohne Symbol und Zeichen nicht aus. Und wenn wir sagen: „Gott handelt, Gott redet", dann ist das eine symbolische Ausdrucksweise. Es wäre aber ein völliges Missverständnis, anzunehmen, hier bestünde ein Mangel an Wirklichkeit, hier würde Gott verflüchtigt, aufgelöst und in die Welt des Mythos verwiesen. Zwar entspricht eine solche negative Bewertung des Symbols einem in unserer Zeit weit verbreiteten Symbolverständnis. Doch ist dieses kurzsichtige und kurzatmige moderne Symbolverständnis zur Deutung der Glaubenswirklichkeit ungeeignet. Heutzutage kann man oft hören: „nur ein Symbol". Die Wendung „nur symbolisch" ist jedoch eine falsche Redeweise, die das Symbol buchstäblich verstehen möchte. Buchstäblich ist aber nicht mehr, sondern weniger als symbolisch. Wenn nun z.B. Papst Paul VI. in seiner Eucharistieenzyklika „Mysterium fidei" von 1965 ein symbolisches Verständnis der Eucharistie zurückwies (Nr. 441), so konnte er damit allein das moderne Symbolverständnis meinen, das die eucharistischen Gaben „nur symbolisch" verstehen möchte. Vielmehr machte er sich das Eucharistieverständnis des Mailänder Bischofs Ambrosius zu eigen, der in einer mystagogischen Katechese aus einem Hochgebet der Mailänder Kirche die Konsekrationsbitte zitierte: „Mache sie (Brot und Wein) uns zu einer figura des Leibes und Blutes deines Sohnes Jesus Christus" (de sacr. 4,21), wobei das Wort „figura" nichts anderes ist als die lateinische Übersetzung des griechischen „symbolon". Und Symbolon bedeutet hier: Jesus Christus ist wirklich gegenwärtig, aber in einer anderen als der natürlichen oder der himmlischen Gegenwartsweise, nämlich in der sakramentalen. Denn das Symbol ist „die einzige Sprache, in der sich die Religion ausdrücken kann".[1] Werden die Symbole aber wörtlich und buchstäblich verstanden, so werden sie entwertet, ja es entsteht die Gefahr der Vergötzung und der „dämonischen Verzerrung".[2]

2. Zeichen als Bedeutungsträger

Will man den Sinn der religiösen Zeichen erschließen, muss man zunächst den Klärungsversuch wagen, was diese an sich sind. Dabei ist zu berücksichtigen, dass nicht allein Zeichen als solche, sondern auch die Begriffe „Zeichen" und „Symbol" dem geschichtlichen Wandel unterliegen. Im heutigen Sprachgebrauch sind sie ein vieldeutiger, schillernder Ausdruck, der weit über die ursprüngliche Bedeutung hinausgeht und sich schwer festmachen lässt. Wahrscheinlich hängt aber diese Schwierigkeit mit der Eigenschaft des Zeichens und des Symbols selbst zusammen; denn es entspricht ihrem Wesen, dass sie sich nicht einfach fassen und deuten lassen. Zeichen und Symbole bleiben eine Tatsache, eine „innere Wirklichkeit", die reicher ist als jede Sicht, die der Verstand davon gewinnen kann. Sie gehören zu den „Lebensphänomenen", die alle Begriffe, die wir uns davon machen können, übersteigen.
Zeichenhaftigkeit findet sich in nahezu allen Bereichen des menschlichen Lebens. Dabei kann im Grunde alles zu einem Zeichen für den

Menschen werden. Die Feststellung ist durchaus berechtigt, dass in jeder Gesellschaft Zeichen Träger der letzten Werte sind. Zugleich ist zu bedenken, dass die Zeichen wie auch die Symbole die gemeinsame Funktion besitzen, über sich selbst hinausweisend eine Information weiterzugeben. Das Zeichen selbst ist dabei nur das Medium, der Träger der Information, die dem Zeichen seine eigentliche Bedeutung überhaupt erst gibt. Das Entscheidende liegt also außerhalb des Zeichens, obgleich dieses Eigentliche auf das Zeichen angewiesen ist, um erkannt zu werden. Es bedarf der Wahrnehmbarkeit, die allen Zeichen und Symbolen gemeinsam ist. Sie sind sichtbar, zum Teil auch hörbar und fühlbar und als solche der Sinnenhaftigkeit des Menschen angemessen.

Von daher können Zeichen und Symbole alle natürlichen, künstlichen oder gedanklichen, gegenständlichen, persönlichen oder phantastischen Gestaltungen sein, Bilder, Worte, Tonfolgen oder Verhaltensweisen, die sich dem Betrachter oder Hörer in ihrem Verweisungszusammenhang zeigen und darin als Bedeutungsträger erscheinen. Sie wollen als Brücke dienen, welche die Vorstellung zu einem Ufer leitet, dessen Konturen sich immerhin abzeichnen und das als Brückenkopf für ein Land vorhanden sein soll, das sich dahinter offen und weit erstreckt. Das Zeichenhafte am Zeichen ist diese Brückenfunktion, in der es in seinem klar umrissenen Hier und Jetzt auf ein bereits erkennbares anderes Ufer verweist und für das weite Land hinter ihm einsteht.

Des Weiteren ist in diesem Zusammenhang mit zu bedenken, dass sich das Zeichen nicht von dem raumzeitlichen Bedeutungsrahmen der umgebenden Kultur trennen lässt. In ihr wachsen gewissermaßen die Zeichen erst zu Zeichen heran oder werden aufgefunden. Denn Zeichen haben einen objektiven, wesenhaften Gehalt, der nicht erst durch den Menschengeist in sie hineingetragen wird. Sie sind vorhanden, auch wenn der Mensch sich ihrer nicht bewusst ist. Zeichen können sich also wandeln, nämlich in der Art, wie Menschen sie erleben und deuten. Aussagekraft und Aussagedeutung sind allerdings meist eng mit geschichtlichen, wirtschaftlichen und kulturellen Faktoren verbunden.

Auf diese Weise kommt eine ganze Schar von Zeichen und Symbolen auf uns zu. Es gibt da lebendige Zeichen, sprechende wie auch sterbende und tote. Denn an allen Straßen der Geschichte stehen zugleich bewohnte Häuser, verfallende Gebäude und Friedhöfe. Schaut sich einer mit offenen Augen in unserem gesellschaftlichen Umfeld um, so sieht er alte Fahnen, die unbrauchbar, Kleider, die untragbar geworden sind. Bestimmte Zeichen des Adels, der Rasse, des Kunsterlebens haben unter uns nur noch musealen Wert. Andere entstehen neu, leben und wachsen. Mitten im Beten spricht die Pflanze auf dem Fensterbrett eine neue Sprache. Die junge Generation tanzt neue Tänze im neuen Stil gewollter Freiheit.

3. Die Begegnung mit Zeichen in der Liturgie

Wir dürfen davon ausgehen, dass in der Liturgie das Miteinander von Altem und Neuem, die Gleichzeitigkeit von immer noch Lebendigem mit langsam Verstummendem gegeben sind, auch wenn die Toleranzgrenze sich jeder Gemeinde anders nahelegen mag. Ich bin mir immer weniger sicher, dass eine allgemeine und dann verbindliche Lösung des Problems, welche unserer liturgischen Zeichen denn leben und welche nicht, erreichbar oder gar wünschenswert ist. Somit ergeben sich einige entscheidende Fragen: Wie können wir mit den Zeichen, die wir haben, wirklich leben? Wie können wir unsere liturgischen Zeichen schlicht und einfach mit sehendem Auge lesen, wenn wir uns im Glauben ihrer von Gott her versicherten Wirkung aussetzen? Wie können wir sie so anschauen, dass ihr verborgenes Inneres in Erscheinung tritt und auch unsere Seele anspricht?
Von grundlegender Bedeutung ist nun, dass die gesamte Liturgie in sichtbaren Zeichen geschieht; ohne Zeichen, Gesten und Handlungen wäre Liturgie undenkbar, da sie dem Menschen eine neue Dimension der Wirklichkeit eröffnen will. Denn die Liturgie zielt die Glaubenswahrheiten an, die jenseits der unmittelbaren Erfahrung liegen. Deshalb muss Liturgie zeichenhaft sein, deshalb sind die Zeichen und Symbole für die Liturgie konstitutiv.
Von daher ist Liturgie die sichtbare Feier einer unsichtbaren und nur im Glauben zu erfassenden Wirklichkeit, der Begegnung des Menschen

mit Gott. Diese ereignet sich in Jesus Christus in unüberbietbarer Weise und wird in der Feier der Liturgie immer wieder neu gegenwärtig gesetzt. Dazu bedarf es zeichenhafter und symbolischer Handlungen, die in der Lage sind, über sich selbst hinaus zu verweisen und zugleich teilhaben zu lassen an dem, was sie zum Ausdruck bringen wollen. Deshalb gebraucht die Liturgie sichtbare Zeichen, „um die unsichtbaren göttlichen Dinge zu bezeichnen“ (SC 33). Ja, die ganze Liturgie mit allem, was dazugehört, soll „Zeichen und Symbol überirdischer Wirklichkeiten“ (SC 122) sein. Symbole und Zeichen lenken und sammeln die Sinne und Gedanken des Menschen auf Gott hin, vermitteln Gotteserfahrung und helfen mit, diese Erfahrung wachzuhalten. Denn „der übernatürliche Akt des Glaubens entsteht nicht jenseits der sinnlichen Erfahrung, sondern mit ihr und in ihr“.[3]
Im Zeichen und Symbol erfährt der Mensch also die Heilszuwendung Gottes. Zum Wesen des Symbolischen gehört nämlich, dass im Gegensatz zu einem gängigen, buchstäblichen Symbolverständnis das Symbolisierte im Symbol nicht nur angedeutet und vorgestellt, sondern wirklich, wenngleich in verborgener Weise, gegenwärtig wird. Allerdings gibt es zwischen den einzelnen symbolischen Handlungen, die in der Liturgie zum Tragen kommen, sehr große Unterschiede, was den Grad der Gegenwart des Symbolisierten im Symbol betrifft. Wenn einerseits Christus selbst als das Symbol Gottes bezeichnet werden kann, andererseits aber auch schon ein Bild oder eine Geste symbolisch genannt wird, so ist dieses unterschiedliche Verhältnis zwischen Zeichen und Wirklichkeit sehr leicht erkennbar. Während bei Christus das Symbol und das Symbolisierte ganz ineinanderfallen, liegen bei einem Bild oder auch bei manchen Gesten Zeichen und Wirklichkeit des Symbolisierten sehr weit auseinander. Diese Unterscheidung ist wichtig für die Bedeutung und für den Stellenwert, den ein Symbol oder Zeichen für die Liturgiefeier besitzt.
Die Zeichen und Symbole in der Liturgie haben sehr unterschiedliche Funktionen. Manche dienen der Unterweisung der Mitfeiernden, andere wieder wollen die tätige Teilnahme der Gläubigen zum Ausdruck bringen und verstärken. Die sakramentalen Feiern, besonders die Eucharistie, sind unmittelbare Heilszuwendungen Gottes und vertiefen

den Glauben. Die nichtsakramentalen Segnungs- oder Wort-Gottes-Feiern, bereichert mit Symbolen oder Zeichen, haben mehr die Funktion, die Sakramente zu verdeutlichen und in das ganze Leben hinein zu entfalten. So wird also in je eigener Weise durch Zeichen und Symbole in der Liturgie die Heiligung des Menschen bewirkt. Es entspricht der Natur des Menschen, wenn die Liturgie auf zeichenhafte Weise versucht, dem Menschen die Nähe Gottes erfahrbar werden zu lassen, ihn von Gott betroffen zu machen und dazu zu bewegen, auf die Liebeszuwendung Gottes zu antworten. Diese Antwort des Menschen äußert sich in der Verehrung und Anbetung Gottes, die in symbolischen Handlungen ebenfalls zeichenhaft zum Ausdruck gebracht wird und die sich auf das ganze Leben ausweitet.
Von daher müssen wir festhalten, dass Zeichen und Symbole Schichten des menschlichen Geistes ansprechen, die tiefer, dem Herzen näherliegen als dem Verstand, nämlich Phantasie, Gemüt, Willenskraft und die anderen tief verborgenen Triebkräfte. Ein Bild, eine Melodie treffen auf Regionen der Seele, die zwar dunkel und dem Licht des Bewusstseins nicht ohne weiteres zugänglich sind, aber mächtige Faktoren unseres Daseins und unserer Entscheidungen darstellen. Uns sollte demnach bewusst sein, dass Symbole oder Zeichen Bilder sind, die tiefer als alle Begriffe in das Leben hineinreichen, es ergreifen und auf es einwirken können. Deshalb bewirken Zeichen oder Symbole ein ganzheitliches Erleben des Gottesdienstes. Sie wirken auf den ganzen Menschen ein. Dieses ganzheitliche Ergreifen des Menschen ist von ungemein hoher Bedeutung; denn Geist und Leib, Intellekt und Gefühl stehen im Menschen zueinander in Beziehung und wirken zusammen auf eine ganz außergewöhnliche und integrierte Art. Gerade in einem Salbungs- und Segnungsgottesdienst ist diese Erfahrung intensiv zu spüren.
Die liturgischen Symbole bilden ein umfassendes Symbolgefüge, das mit einschließt, dass sie in sich selbst das Leben mit Gott verwirklichen. Sie sind sozusagen das Leben mit Gott, der Glaubensakt, der auf diese Weise zu seiner Erfüllung gelangt. Liturgie ist somit Glaube im Vollzug, ist verwirklichte Gottesbeziehung. Die innere Haltung des Menschen wird in zeichenhaften Handlungen nach außen hin sichtbar gemacht und darin zugleich realisiert. In diesem leibhaftigen Ausdruck

kommt der Glaube zu seiner eigenen Wirklichkeit. Dem Glauben Ausdruck zu verleihen, bedeutet, ihn ins Werk setzen. So äußert der Mensch seine Bitt- und Dankgebete nicht allein verbal, sondern er formt eine Geste daraus. Er entzündet beispielsweise eine Opferkerze und bringt darin in verdichteter Form sein Anliegen zum Ausdruck. Oder er schmückt die Kirche und umrahmt musikalisch den Gottesdienst, um auf diese Weise den Feiercharakter der Liturgie herauszustellen. Oder er beteiligt sich an einer Prozession oder Wallfahrt und bekennt sich damit in der Öffentlichkeit zu seinem Glauben. Und Gesten unterstützen das gesprochene Wort, ersetzen oder ergänzen es und schlagen auch über Sprachschwierigkeiten hinweg eine Brücke. Gerade hier, wo es darum geht, dem Unfassbaren zu begegnen und noch dazu als Gemeinschaft diese Begegnung zu feiern, können allerdings Sprachschwierigkeiten auftreten. Denn genau an diesem Punkt will sich der ganze Mensch in den Dienst Gottes stellen, so wie er ist, mit allen seinen bewussten und unbewussten Sorgen und Ängsten. Dazu aber reicht die verbale Sprache nicht aus; denn die Wörtlichkeit, die Formulierfähigkeit des Menschen erreicht nur die bereits bewusstseinsoffenen Wünsche und Konflikte, die verdeckten werden übergangen. Menschliches Verhalten ist ja immer dadurch gekennzeichnet, dass geistliche Gehalte leibhaft ausgedrückt und leibliche Vorgänge beseelt und durchgeistigt werden, dass also der Mensch als Ganzer beteiligt wird. Dies aber bewirken in vorzüglicher Weise die Zeichen und Symbole. Deshalb kann und darf auch die Feier der Liturgie nicht darauf verzichten.

4. Wort-Gottes-Feiern mit Zeichen und Symbolen

Es war der eindringliche Wunsch des Zweiten Vatikanischen Konzils, dass „den Gläubigen der Tisch des Gotteswortes reicher bereitet werde“ (SC 51). Deshalb soll bei den Gottesdiensten die Schriftlesung reicher, mannigfaltiger und passender ausgestaltet und sollen eigene Wortgottesdienste an den Vorabenden der höheren Feste, an Wochentagen im Advent oder in der Fastenzeit sowie an den Sonn- und Feiertagen gefördert werden (vgl. SC 35, 1 und 4). Dazu ist es jedoch kaum gekommen, da kurz nach Beendigung des Konzils in den meisten Gemeinden mit römischer Zustimmung die Vorabendmessen Einzug gehalten haben und somit den Wortgottesdiensten die Luft zum Atmen entzogen war. Wenige Jahre später kam es in nicht wenigen Gemeinden, bedingt durch den Priestermangel, zur Notlösung der priesterlosen Wortgottesdienste an den Sonn- und Feiertagen, die bereits die Liturgiekonstitution des Vatikanum II (vgl. SC 35, 4) vorsah. Diese Liturgieform war ein Wort- und Kommuniongottesdienst, doch stellte sich bald die Frage nach der theologischen Angemessenheit. Denn solche kombinierten Wort- und Kommunionfeiern wurden vielfach als „Messfeiern ohne Hochgebet" oder „Minimesse" missverstanden. Jedenfalls erwies und erweist sich eine Kommunionfeier in einem solchen Wortgottesdienst als wenig hilfreich und sinnvoll, da sie auch ein theologisches Problem darstellt, insofern die Frucht des Sakramentes nicht vom Sakrament selbst getrennt werden kann und darf. Dennoch werden diese in nicht wenigen Gemeinden beibehalten. Hält man sich jedoch an die theologischen und amtskirchlichen Vorgaben, diese sonntäglichen Wortgottesdienste ohne Kommunionausteilung zu vollziehen, werden andere Defizite sicht- und spürbar. Denn es entspricht nicht den sinnenhaften Vorstellungen katholischer Gemeinden, „nur" Wortgottesdienst zu feiern. Irgendwie fehlt etwas, es fehlt das besondere Erleben eines Zeichens, im vorliegenden Fall eben die Kommunion. Ohne Zweifel ist in den vergangenen Jahrhunderten und auch Jahrzehnten im katholischen Bereich versäumt worden, den Gemeinden zu verdeutlichen, dass der Herr in seinem Wort genauso gegenwärtig ist wie in den sakramentalen Zeichen. Das Zweite Vatikanische Konzil spricht diesen Zusammenhang sehr deutlich aus: „Gegenwärtig ist er (Christus) in seinem Wort, da er selbst spricht, wenn die heiligen Schriften in der Kirche gelesen werden" (SC 7). Von daher hat jeder Wortgottesdienst hohe liturgische Qualität und gehört nicht zu den „frommen Übungen" (pia exercitia). Dennoch ist für die katholische Mentalität ein reiner Wortgottesdienst einfach zu „trocken". Aufgrund dieser Defiziterfahrungen und der Fragwürdigkeit angehängter Kommunionfeiern ist es angebracht, nach neuen Wegen zu suchen. Dabei kann auf ungemein positive Erfahrun-

gen mit Symbolfeiern zurückgegriffen werden; denn „durch sinnenfällige Zeichen wird in ihr [der Liturgie] die Heiligung des Menschen bezeichnet und in je eigener Weise bewirkt" (SC 7). Deshalb gilt die dringende Empfehlung, im Sonntagsgottesdienst ohne Priester eine Zeichen- und Bewegungsliturgie in eine ausgewogene Beziehung zur Wortliturgie zu stellen. In einem ersten Teil wird das Wort Gottes gehört, angenommen und für das heutige Leben bedacht. In einem zweiten Teil wird die Feier des Wortes durch eine Zeichen- und Bewegungsliturgie vertieft und somit der Zuspruch Gottes intensiver und existentieller erlebt, und der Glaube kann sich sinnenreich ausdrücken. Dies entspricht dem Bedürfnis vieler Mitfeiernden nach Ausdruck und Bewegung im Gottesdienst.
Nachdem sich die Wort-Gottes-Feier als priesterloser Sonntagsgottesdienst im Bewusstsein der Gemeinden fest etabliert hat, kommt man kaum auf den Gedanken, zusätzlich zu diesen Feiern und zu den eucharistischen Gottesdiensten, z.B. in den geprägten Zeiten, eigene Wortgottesdienste – verbunden mit einer Zeichenliturgie – als eigenständige Feierform in das Gottesdienstangebot aufzunehmen. Dies wäre aber dringend zu empfehlen! Es muss nicht immer an Sonntagen erfolgen und sollte zu gegebener Zeit auch in ökumenischer Weite begangen werden. Mit solchen gottesdienstlichen Angeboten lassen sich gezielt auch kirchenferne und suchende Menschen ansprechen; denn mit sakramentalen Feiern wären sie von ihrer momentanen Glaubensexistenz her überfordert. Im Folgenden sollen nun einige Möglichkeiten von Zeichenliturgien benannt werden. Bei deren Gestaltung ist in jedem Fall zu beachten, dass diese Feiern eine klare Struktur auszeichnen muss. Deshalb sollen sie als ersten Teil eine in sich geschlossene Wortliturgie aufweisen; nach Schriftlesung und Homilie folgt dann als zweiter Abschnitt die Symbolfeier. Die nun hier benannten Vorschläge beanspruchen keine Vollständigkeit, kreative Liturgen sind eingeladen, aus ihrem Fundus zu schöpfen.

- Am 1. Advent Segnung des Adventskranzes und der Kerzen sowie feierliche Entzündung der ersten Kerze.
- Mit Duftöl, das in Wasserkaraffen gegeben wird, die um das Evangeliar angeordnet sind, das Geheimnis von Weihnachten riechen.

- In der Fastenzeit einen Schuldenberg aus Holzklötzchen vor dem Kreuz errichten, die mit dem Feuer der Osternacht verbrannt werden.
- In der Osterzeit Kerzen am Licht der Osterkerze entzünden, um so den Glauben an den Auferstandenen zu bezeugen.
- Tauferinnerung vollziehen, indem man sich mit gesegnetem Wasser bekreuzigt oder bekreuzigen lässt.
- Weihrauchkörner in eine Schale mit glühenden Kohlen einlegen; in diese Körner bedrängende Bitten und Fürbitten unausgesprochen hineinlegen und zu Gott aufsteigen lassen.
- Gottes Wort wäscht die Hände und befreit von Sünde; Helfer/innen stehen an verschiedenen Stellen um das dargestellte Evangeliar, die den Mitfeiernden die Hände waschen – es ist möglich, sich auch gegenseitig die Hände zu waschen.
- Miteinander Brot teilen und in Gemeinschaft essen; Helfer/innen nehmen die mit Brotscheiben gefüllten Körbchen, welche um das Evangeliar angeordnet stehen, und teilen davon an die Bankersten aus. Nach der Einladung zum Teilen des Brotes reichen diese es an die Nachbarn weiter, anschließend essen alle gemeinsam das Brot.

Zur Veranschaulichung sei nun noch eine Zeichenliturgie näher vorgestellt, die sich an eine Wort-Gottes-Feier anschließt oder auch in eine Hore (z.B. Laudes oder Vesper) der Stundenliturgie integriert werden kann. Dabei handelt es sich um eine Salbungsfeier:

Besonders gestalteter Ort für das Rosenöl neben dem Ambo

- Nach Lesung und Homilie spricht der Vorsteher:

Liebe Schwestern und Brüder,
Öl verbreitet den Duft der Nähe Jesu Christi. Bei Taufe und Firmung wurden wir mit Öl auf die Stirn gesalbt. Auf uns ruht der Duft des christlichen Glaubens. Durch uns soll er erriechbar und erfahrbar sein. Der christliche Glaube will für uns selber wie duftendes Öl sein. Wir sollen unseren Glauben einatmen und mit ihm aufatmen dürfen. Leben und handeln wollen wir wie unser Herr und Bruder Jesus Christus. Er soll durch uns sichtbar werden – zum Wohle aller, die an ihn glauben, und zum Wohle aller, die auf der Suche sind. Taufe und Firmung sind

ein Geschenk. Sie machen unsere Berufung zum gemeinsamen Priestertum sichtbar und besiegeln sie. So wollen wir dieses Geschenk und unsere Berufung aus der Erinnerung hervorholen, sie neu erfahren und damit eine Einladung sein auch für die Menschen, die auf der Suche nach Lebenserfüllung und einer solchen Berufung sind.
Ich lade Sie alle ein, einander mit Öl zu salben (die Stirn, den Handrücken oder die Handfläche). Sprechen wir dabei: „Sei bestärkt im Namen des Vaters und des Sohnes und des Heiligen Geistes!" Und jeder, der gesalbt wurde, möge mit „Amen" antworten.
So erneuern und vertiefen wir, wer wir sind: zusammen mit allen getauften Christen!

- Segensgebet über das Rosenöl
- Der Vorsteher salbt den nächststehenden Mitfeiernden mit den Worten: „Sei bestärkt im Namen des Vaters und des Sohnes und des Heiligen Geistes!"
- Darauf salbt dieser den/die neben ihm Stehende(n). Jene(r) salbt die nachfolgende Person. Der/die Letzte salbt dann den Vorsteher.
- Benedictus oder Magnificat
- Fürbitten und Vater unser
- Entlassung

5. Den Gottesdienst leben

Bereits seit längerer Zeit wird viel, nicht selten allzu viel, von der Inkulturation der christlichen Liturgie in den Ländern und Kulturen der „Dritten Welt" gesprochen und geschrieben. Im selben Zeitraum ist aber in unserer unmittelbaren Nachbarschaft in den Ländern der „Ersten Welt" eine neue Jugendkultur gewachsen, der die allermeisten der älteren Generationen völlig verständnislos und hilflos gegenüberstehen. Ist hier schon einmal ernsthaft die Frage aufgeworfen worden, wie da Inkulturation unserer erneuerten Liturgie erfolgen soll? Raver- oder Pop-Gottesdienste als gezielte Events haben keine lange Lebensdauer. Und mit der leider vielfach festzustellenden Lieblosigkeit und Geschäftigkeit in der gottesdienstlichen Praxis wird Inkulturation wohl kaum gelingen. Denn wo immer Liturgie in einer unpersönlichen, formalistischen und gelangweilten Atmosphäre vollzogen wird, stößt sie mit Sicherheit Außenstehende und Suchende ab. Wo sie aber durch die Gemeinde mitgestaltet und im wahrsten Sinn mitgefeiert wird, wo lebendige Zeichen und Symbole mit zu einer spirituellen Tiefe führen, wo Kommunikation in Gang gesetzt wird, da setzt eine Gottesdienstfeier Zeichen für alle Menschen, die guten Willens sind. Darum lohnt es sich, *mit* dem Gottesdienst, ja *den* Gottesdienst zu leben. Dann lebt er auch selbst in unserer Existenz.

Hermann Würdinger

Unsere Zeit und Gottes Wort
Die Predigt in der Wort-Gottes-Feier

1. Die pastoralen Vorzeichen unserer Zeit

Die pastorale Einführung zum Werkbuch „Wort-Gottes-Feier“, das 200[illegible] im Auftrag der Deutschen und Österreichischen Bischofskonferenz sowie des Erzbischofs von Luxemburg herausgegeben wurde,[1] lässt keinen Zweifel daran, dass die Wort-Gottes-Feier in gewisser Weise ein Kind der Not ist. Der zunehmende Priestermangel drängt zu neuen pastoralen Wegen. So werden neue Seelsorgestrukturen angedacht oder schon aufgebaut. Doch selbst unter dem Vorzeichen einer verbesserten Mobilität der Menschen ist es oftmals Christen nicht möglich, sonntags an einer Eucharistie teilzunehmen. Eine Änderung scheint in absehbarer Zeit nicht in Sicht. Prognosen lassen eher noch eine Verschärfung der Situation erwarten.

In Zeiten des Mangels zeichnen sich aber auch neue Chancen ab. So entwickelte sich im Kontext der liturgischen Erneuerung durch das II. Vatikanische Konzil und die Beschlüsse der Würzburger Synode verstärkt das Bewusstsein für die Verantwortung aller Gläubigen für die gottesdienstlichen Feiern der Kirche. Lektorendienst oder Kommunionhelfer in unseren Gemeinden sind Beispiele dafür. Auch dort, wo eine Gemeinde ohne sonntägliche Eucharistie leben muss, finden sich engagierte Laien, die, gemäß den kirchlichen Vorschriften dazu beauftragt, beitragen, in einer Wort-Gottes-Feier die Gemeinden zusammenzuhalten und für den Alltag mit dem Wort Gottes zuzurüsten und zu stärken. Unabhängig von der pastoralen Not entwickelte sich, angeregt durch das Konzil, besonders durch die Liturgiekonstitution, ein neuer Sinn bei den Gläubigen für das Wort Gottes in den biblischen Schriften. Was SC 51 fordert: „Auf dass den Gläubigen der Tisch des Gotteswortes reicher

bereitet werde, soll die Schatzkammer der Bibel weiter aufgetan werden, so dass innerhalb einer bestimmten Anzahl von Jahren die wichtigsten Teile der Heiligen Schrift dem Volke vorgetragen werden“, trägt bereits seine Früchte. Das Wort Gottes hat eine neue Wertigkeit bei den Gläubigen erfahren. Seine Feier und Auslegung in der Predigt ist ihnen wie die Eucharistie unverzichtbar geworden. So sagen z.B. in einer repräsentativen Umfrage aus dem Jahr 2001 in der Erzdiözese München und Freising 70% der bis zu 30-Jährigen, 77% der 30–60-jährigen und 81% der über 60-jährigen, dass für sie ein Sonntagsgottesdienst ohne Predigt nicht vorstellbar ist. Sicher kann eine Wort-Gottes-Feier die Eucharistie als die den Christen von Jesus eingestiftete Hochform der Liturgie nicht ersetzen. Sie trägt aber auf ihre Weise dazu bei, in Zeiten des Mangels die Sehnsucht nach der Eucharistie in den Herzen der Gläubigen am Leben zu erhalten.
In den letzten Jahrzehnten wurde deshalb viel von den Verantwortlichen über Aufbau und Gestaltung der Wort-Gottes-Feier reflektiert. Leider war die pastorale Notlösung gerade auch inhaltlich in einzelnen Feiern sehr stark spürbar. Ein Thema der Diskussionen war dabei die Frage nach der Predigt in einer Wort-Gottes-Feier. Soll und kann überhaupt eine Predigt durch einen Laien stattfinden? Ist es nicht besser, wenn die Predigt des zuständigen Pfarrers verlesen wird? Soll als Alternative die Predigt durch meditative Texte ersetzt werden? Diese und andere Fragen wurden lange erörtert. Das erwähnte Werkbuch „Wort-Gottes-Feier“ zählt in seiner Ausführung über die Grundelemente der Feier Möglichkeiten für die Auslegung des Wortes Gottes auf, die als Resümee der Diskussion zu werten sind. Es heißt dort:
„Im Anschluss an die Schriftlesung(en) folgen in der Regel Auslegung und Deutung in unterschiedlichen Formen:
- Predigt (Homilie): Im engen Anschluss an die Schriftlesung wird versucht, die Aussagen der Schrift fruchtbar zu machen für den Glauben und das Leben der Mitfeiernden. Für den Predigtdienst bedarf es einer besonderen Beauftragung.
- Gegebenenfalls kann die Predigt durch eine Lesepredigt ersetzt werden.
- Dialogpredigt: Sie ist besonders geeignet, Fragen und Probleme an-

gesichts der Schriftlesung anzusprechen.
- Glaubenszeugnisse: In Verbindung mit dem Schriftwort bringen Einzelne persönliche Glaubenserfahrungen zur Sprache.
- Geistlicher Impuls: Im Wechsel von geistlichen Gedanken und Zeiten der Stille soll den Mitfeiernden geholfen werden, sich in das Schriftwort zu vertiefen.
- Bildliche und musikalische Elemente: Sie helfen der Gemeinde, das Wort Gottes mit ‚allen Sinnen' aufzunehmen.

Einzelne dieser Elemente können auch miteinander verknüpft werden."[2]

Unter Einbeziehung aller gültigen kirchlichen Vorschriften, gesetzlichen Regelungen und Normen drängt aber gerade die Homiletik darauf, bei der Auslegung der Predigt den Vorzug zu geben. Dies liegt im Selbstverständnis der Predigt begründet.

2. Die Predigt als Wort-Gottes-Ereignis

Die Predigt ist neben der Katechese eine bis in die Anfänge des Christentums hinabreichende Form der Verkündigung, die versucht, das Leben der Menschen im Lichte der Hoffnung zu deuten, die wir mit dem Namen Jesu verbinden. Hauptaufgabe der Predigt ist es, die biblischen Texte, die im Gottesdienst vorgetragen werden, aktuell für das Leben der Mitfeiernden aufzuschließen, indem sie das Leben der Menschen, die Umstände unseres Daseins und der Zeit in Korrelation zu den vorgelegten Texten setzt und zu einer „Verheutigung" der biblischen Botschaft führt. Der Nestor der Homiletik, Rolf Zerfaß, interpretiert Predigt als Intervention, als Unterbrechung. Sie durchbricht – der jüdischen Sabbatregel folgend – die Zwänge zur Organisation und Bewältigung des Alltags und schafft den Freiraum, in dem der Mensch zur Ruhe kommt und durchatmen kann. So gewinnt er Distanz zu dem, was ihn bedrängt, und kann – angeleitet durch den Prediger – neu in den Blick nehmen, was das Leben selbst ist, wem es sich verdankt und warum es lohnt. Predigt ist so gesehen eine anthropologische Notwendigkeit. Der hl. Augustinus (354–430) bringt die Auslegung des Wortes

Gottes einmal so auf den Punkt: „Wir sprechen darüber, nicht weil wir es sagen könnten, sondern weil darüber nicht geschwiegen werden darf." Bei ihm wird deutlich, dass das Wort Gottes nicht eine abgeschlossene, in den Büchern der Bibel konservierte Sache ist, sondern etwas, was sich gerade im Verlesen beim Gottesdienst und Interpretieren in der Predigt immer neu ereignet. Wenn wir folgende Grafik betrachten, wird dies noch deutlicher:

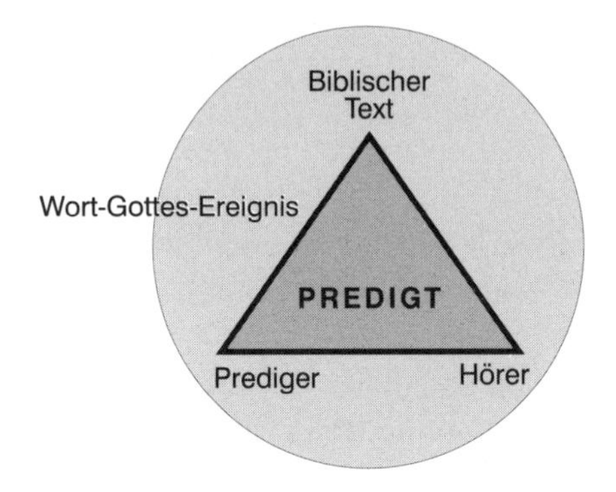

Am sogenannten „Homiletischen Dreieck" lässt sich gut ablesen, dass die drei Elemente Text, Prediger und Hörer für die Predigt konstitutiv sind und die Predigt insgesamt theologisch in das Wort-Gottes-Ereignis einzuordnen ist. In diesem ist die Predigt ein spiritueller Akt, bei dem Gottes Geist selbst wirksam ist. Sie ist Dienst an Gott und Dienst am Menschen zugleich. Hier finden wir wichtige theologische Argumente, in der Wort-Gottes-Feier nach Möglichkeit für eine Predigt zu plädieren. In die Richtung geht die Interpretation des homiletischen Dreiecks. Gerade die Orientierung am Hörer, also an der aktuellen Gottesdienstgemeinde, die ein Prediger vor sich hat, drängt dazu, die Schrift bei einer Wort-Gottes-Feier in der Predigt eigenständig auszulegen. Eine Lesepredigt, wie sie in Büchern oder seit einiger Zeit auch in Predigtzeitschriften, wie „Der Prediger und Katechet",[3] angeboten werden, kann die aktuelle Situation der Menschen und der Gemeinden vor Ort nur bedingt treffen. Darum gilt es, dazu beauftragte Leiter von Wort-Gottes-Feiern ausdrücklich zu ermutigen, sich dem Predigtdienst nicht zu verschließen, und ihnen alle Hilfestellungen zu gewähren, damit sie diesem nachkommen können. Auch die folgenden Ausführungen wollen dazu beitragen.

3. Die Predigt – ein Kommunikationsgeschehen

„Was der da vorne redet, das hat mit mir nichts zu tun!“, so lautet ein oft gehörtes Vorurteil gegenüber der Predigt. Leider trifft es nicht selten zu, dass ein Prediger in einer Art liturgischem Selbstgespräch vor sich hinredet, ohne die Menschen, die um ihn herum sind, mit dem, was er sagt, wahrzunehmen oder anzusprechen. Wie kann ich dieser „Predigt-Falle“ entgehen? Ich muss mir als Prediger bewusst sein: Predigt ist einerseits ein spirituelles Geschehen, bei dem ich als Prediger vom Wort Gottes in den Dienst genommen werde und bei dem Gottes Geist wirksam ist; aber Predigt ist andererseits zugleich ein „rein“ menschliches Kommunikationsgeschehen. Bei jeder Predigt trete ich als Prediger mit meinen Zuhörern in Beziehung. Dabei gelten Maßstäbe, die für jede Kommunikation gelten. Gerade die Erkenntnisse der modernen Kommunikationspsychologie[4] lassen sich auch für die Predigt gewinnbringend nutzen. Sie sind allerdings keine psycho-rhetorischen Methoden, die meine Predigt etwas aufpeppen und werbewirksamer machen, vielmehr bilden sie eine Art theoretische Basis. Wenn ich sie mir verdeutliche, tragen sie entschieden dazu bei, dass meine Predigt gelingen kann. Wieder eine kleine Skizze, die das etwas verständlicher macht:

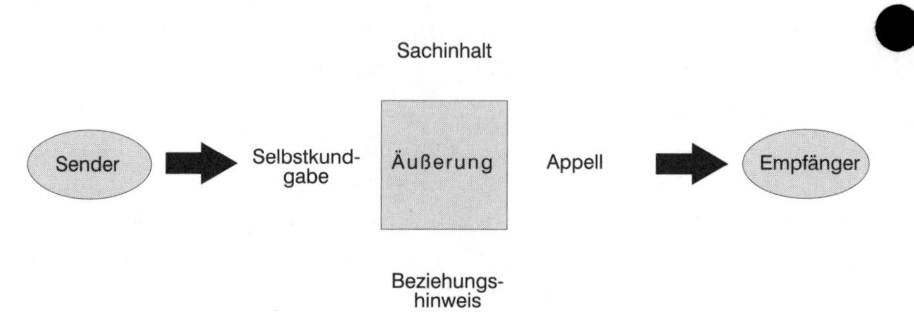

Wann immer ich etwas von mir gebe, sind in meiner Äußerung vier Aspekte enthalten, die sowohl für mich als Sender (Prediger) als auch für den Empfänger (Zuhörer) seelisch wirksam werden.
Zum einen steckt in jeder Äußerung ein Sachinhalt, durch den bestimmte Informationen aus dieser Welt, aber auch Gottes Wort vermittelt werden. Als Zweites ist jede Äußerung mehr oder minder bewusst eine Selbstkundgabe, durch die der Sender etwas über sich (oft auch nonverbal durch Gesten!) zu erkennen gibt. Als Drittes steckt in jeder Äußerung (implizit oder explizit) ein Bild über die Beziehung zwischen dem Sprecher und dem Adressaten. Dieser persönlich ansprechende Beziehungshinweis gibt Auskunft, wie der Sender zum Empfänger steht, was er von ihm hält. Schließlich enthält jede Mitteilung auch einen Appell. Er reicht von einem „Versteh mich doch!" bis hin zu intendierten Einstellungsveränderungen oder Handlungsaufforderungen. Die Kommunikationsforschung sagt uns: Kommunikation gelingt nur, wenn sie auf allen (vier) Ebenen des kommunikativen Aktes gelingt. Daher gelten für jede Ebene Verhaltensnormen, die ich im Folgenden für die Predigt interpretieren möchte.

3.1 Verständlichkeit ist erforderlich – zum Sachinhalt in einer Predigt

WAS habe ich zu sagen? Diese Ausgangsfrage jedes Predigers ist sicherlich vom Predigttext abhängig. Doch ist dieser gerade oft vielschichtig. Für eine gelingende Kommunikation in der Predigt ist daher Klarheit gefordert. Der Hörer soll erkennen können, welches Thema den Prediger umtreibt. Wenn der Text mehrere Themen bietet, muss sich der Prediger folglich manchmal für eines zugunsten einer Luzidität seiner Predigt entscheiden. In der Ausführung des Themas, also in der Beantwortung gestellter Fragen und Problematiken, gilt es, sich als Prediger aber vor einer „trivialen Eindeutigkeit" zu hüten. Im Ansprechen einer möglichen Ambiguität der Antwort schließt er so nicht sofort Hörer (Empfänger) aus, die innerlich der präferierten Interpretation des Predigers nicht zustimmen.

3.2 Authentizität des Predigers ist gefragt – zur „Selbstkundgabe" in der Predigt

Wann immer ich eine Predigt halte, soll ich auch als Mensch erkennbar sein. Die Frage, von der ich ausgehe, heißt: Was habe ICH in Bezug auf den zu behandelnden Bibeltext den Menschen zu sagen? Als Prediger bin ich nicht neutraler Dolmetscher, der sich als Person hinter der Botschaft verstecken darf und kann. Gottes Wort geht mich genau so an wie meine Zuhörer. Sie spüren, ob das Gesagte authentisch ist oder ob ich mich als Prediger in einer vorgeschobenen Sachbezogenheit zurückhalte und in ein unpersönliches Rollenverhalten (Vermittler religiöser Wahrheiten) schlüpfe, das mit mir als Person nichts mehr zu tun hat. In diesem Fall – ebenso wie im anderen Extrem, wenn ich mich als Person problematisiere und nur noch das Hauptthema bin – kann die Kommunikation in der Predigt scheitern, und ich bringe das Wort-Gottes-Ereignis um seine Chance. Es tut gut, aus dem Verständnis zu predigen, dass meine Zuhörer und ich zusammen stets Gottsucher sind und bleiben, die das Wort Gottes für sich und das Leben in einer bestimmten Zeit und auf eine bestimmte Situation hin interpretieren. Beim Predigen gilt, wie es Hermann Hesse einmal ausdrückt: „Meine Aufgabe ist nicht, andern das objektiv Beste zu geben, sondern das Meine ... so rein und aufrichtig wie möglich!"[5]

3.3 Mitmenschliche Achtung als Grundeinstellung – zur „Beziehungsseite" einer Predigt

In der Art und Weise, wie ich rede, bestimme ich auch meine Beziehung zu den Zuhörern. Dabei akzentuiert sich meine Ausgangsfrage so: Was habe ich IHNEN in Bezug auf den zu behandelnden Bibeltext zu sagen? Mit der Predigt stehe ich zwischen den beiden Polen von Nähe und Distanz. In einem Gespräch schätzen wir in der Regel, wenn jemand seinen Gesprächspartner akzeptiert und ihm gegenüber Empathie, folglich Nähe, zeigt. Andererseits erwarten wir Takt und Höflichkeit, also eine Distanz, die auch eine Konfrontation mit unangenehmen Dingen ermöglicht, ohne zu verletzen. Die Kommunikationstheorie lehrt: Wenn sich die Psyche gegen eine Beziehungsdefinition wehrt, lässt sie auch die Inhalte nicht an sich heran – ein Wissen, das mich als Prediger verunsichern mag und mich zugleich in ein anderes Dilemma führt. Im Bemühen um Akzeptanz beim Hörer gerate ich in Gefahr, auf Kosten der Botschaft in eine Art „Fried-höflichkeit“ zu verfallen, die mir alle Ernsthaltigkeit abschreibt. Oder ich setze mit der Intention meiner Predigt so auf Konfrontation, dass ich dem Zuhörer als feindselig erscheine. Beim Versuch, die Balance zwischen den Extremen zu finden, ist das Moment, welcher Persönlichkeitstyp ich selbst bin, von großer Bedeutung. Derjenige, der auf Harmonie und Ausgleich bedacht ist, übersieht leicht, dass auch Streiten verbindet. Es ist durchaus angebracht, in der Predigt klar Position zu beziehen, auch wenn ich dadurch angreifbar werde. Wer dazu neigt, anklagend, verurteilend und angriffslustig auf die Menschen zuzugehen, dem ist es eine gute Übung, sich einfühlend in die innere Welt der Zuhörer hineinzuversetzen, die in seinen Augen so fehlerhaft erscheint.

3.4 Verantwortlichkeit – zum „Appell“ einer Predigt

Geht man davon aus, dass es so etwas wie ein absichtsloses Sprechen nicht gibt, dann enthält jede Predigt einen Appell, eine Erwartungshaltung an die Adressaten. Da Predigt in gewisser Weise eine einseitige Kommunikation darstellt und dem Prediger so rhetorische Macht zufällt, wächst ihm auch eine große Verantwortung zu. Der Prediger ist für die Folgen dessen verantwortlich, was er bei seinen Zuhörern „anrichtet“. Er muss in der Predigt die Balance finden zwischen einer Führungs- und Orientierungskompetenz und einer Liberalität, die dem Hörer die Freiheit lässt, sich zur gehörten Botschaft zu positionieren. In übersteigerter Form kann ein Appell zu bevormundendem Dirigismus ausarten oder gegenteilig eine desinteressierte Laisser-faire-Haltung hervorrufen. Beides führt ins Leere. Psychologisch gesehen ist der Appell immer ein zweischneidiges Schwert. Er stellt einerseits eine gut gemeinte Hilfe dar, die der Hörer oft vom Prediger erfragt und erwartet, andererseits bedeutet ein Appell immer auch die Verletzung eines Hoheitsgebietes, das gegen Eindringlinge verteidigt wird. Für mich als

Prediger resultiert daraus: Ich muss weder den Zuhörer mit Engelszungen zu etwas überreden noch sollte ich ihn mit massiven Drohworten zu etwas zwingen. Ein gangbarer Weg ist wohl, wenn ich dem Zuhörer sage, was mir selbst am Wort Gottes wichtig geworden ist und wovon ich meine, es könnte auch für ihn wichtig sein. Dahingehend sind auch Wünsche oder Empfehlungen an den Zuhörer zu formulieren. Eine Zustimmung und Befolgung muss ihm offengelassen werden, sollte er sich nicht a priori davor verschließen.

4. Konkrete Schritte zur Predigt

Zum Entstehen einer Predigt tragen mehrere Momente bei. Sie ist Inspiration des Heiligen Geistes und menschliches „Handwerk" zugleich. Im Folgenden soll ein Plan vorgestellt werden, nach dem man eine Predigt erarbeiten kann.

4.1 Spirituelle Vergewisserung

Wer eine Predigt erstellen möchte, braucht dafür zunächst einmal genügend Zeit. Man tut gut daran, sich diese im Vorfeld langfristig frei zu räumen und nicht erst zwei Tage vor dem Gottesdienst mit der Predigtvorbereitung zu beginnen. Wenn möglich, sollte man sich schon eine Woche vorher mit der Vorbereitung beschäftigen, damit die Gedanken und die Predigt reifen können.

Von Vorteil ist es auch, wenn der Prediger sich seiner augenblicklichen persönlichen Situation bewusst wird, indem er sich selbst mit Fragen nachspürt wie: Wo stehe ich? Was macht mich froh, bedrückt mich oder macht mich unruhig? Welche Ereignisse der letzten Zeit halten mich gefangen? Wie ist meine körperliche und psychische Verfassung? Was treibt mich sonst noch augenblicklich um? Im Gebet kann sich der Prediger selbst vor Gott bringen, somit auch innerlich Blockaden loslassen, sich positiv auf die bevorstehende Aufgabe einstimmen und offen werden für den Geist Gottes in seiner Predigtarbeit.

In der Regel hat die Predigt in der Wort-Gottes-Feier einen biblischen Text als Grundlage. Viele folgen dabei der kirchlichen Leseordnung für den Sonntagsgottesdienst. Manchmal, wenn die Wort-Gottes-Feier unter einem bestimmten Thema steht, wählt man einen passenden Text auch frei aus der Heiligen Schrift aus. Für jeden Text gilt: Er braucht Zeit! Man wird ihm nicht gerecht, wenn man ihn schnell durchliest und sich sofort wieder einer anderen Aufgabe widmet.

Zuträglich für die Begegnung mit dem Text ist es, sich diesen selbst langsam und laut vorzulesen. Dann macht man am besten das Buch wieder zu oder legt den Text zur Seite und spürt bei sich nach, welche Stimmungen der Text auslöst. Welche positiven oder negativen Assoziationen habe ich ganz spontan zum Text? Was freut mich daran? Was ärgert mich?

Zum Handwerkszeug der Predigtwerkstatt gehört Papier und Bleistift. Mit ihnen sammelt man unmittelbare Gedanken, Fragen, Worte, an denen man hängen bleibt. Auch Fragen, die einer exegetischen Klärung bedürfen, notiert man sich.

In einem weiteren Durchgang kann man versuchen, den Text mit verschiedenen Techniken noch mehr zum Sprechen zu bringen. Folgendes hat sich bewährt:

- Man liest den Text mehrfach langsam. Dabei kann man, wenn möglich, Stellen anstreichen, an denen man hängen bleibt, die einen beim Lesen ansprechen oder irritieren.
- Wichtig ist es, bei dem im Text zu verweilen, was einen tröstet. Hier ist man der „Frohen Botschaft" am meisten auf der Spur, spürt ihren Pulsschlag!
- Ein Text bekommt auch Lebendigkeit, wenn man sich vorstellt, er müsste von mehreren Sprechern gelesen werden. An welchen Stellen müsste man einen neuen Sprecher auftreten lassen?
- Wenn man zu einzelnen biblischen Worten oder Satzteilen alltagssprachliche Ausdrücke, Redensarten oder Sprichwörter sucht, die den Text kontrastieren, erfüllt er sich immer mehr mit den Farben des eigenen Daseins.

- Bei Erzähltexten eignet es sich gut, sich das Erzählte streng aus der Perspektive der beteiligten Personen anzusehen, sich in ihre Rollen zu versetzen und die Geschichte aus ihrer Optik nochmals zu erzählen mit all dem, was die Figuren dabei umtreiben könnte.

Optimal, gerade für theologische Laien, wäre eine Texterschließung im Rahmen eines Bibelgesprächs. In manchen Gemeinden gibt es so etwas wie einen Predigtkreis, also Christen, die sich gemeinsam mit dem Prediger im Vorfeld Gedanken machen für die Predigt. Solche Gruppen weiten den Blick auf den Text und bewahren den Prediger vor einer eng führenden Selbstbespiegelung. Methoden zur Bibelarbeit gibt es viele. Eine der einfachsten, aber auch sehr im Leben der Teilnehmer stehend ist die des Bibelteilens in sieben Schritten (1. Sich öffnen – 2. Vertiefen – 3. Schweigen – 4. Mitteilen – 5. Schweigen – 6. Austauschen – 7. Beten).[6] In einem Bibelkreis kann auch das oben angesprochene Lesen mit verschiedenen Rollen oder das Nacherzählen aus den verschiedenen Perspektiven der vorkommenden Personen einen Predigttext in seinen Intentionen gut zum Sprechen bringen.

4.3 Exegetische Überprüfung des Textes

Im Laufe der Texterschließung, allein oder in einer Gruppe, können sich Fragen ergeben, die einer Erläuterung durch einen Bibelkommentar bedürfen. Dabei sollte man immer bedenken: Eine Predigt ist keine exegetische Seminararbeit. In erster Linie dienen solche Kommentare dazu, um festzustellen, ob ich mit meinen Eindrücken vom Text richtig liege oder ob ich ihn falsch interpretiere. Ein Laie ist meist durch die großen wissenschaftlichen Kommentarreihen überfordert. Im Zusammenhang der Predigtvorbereitung, aber auch z.B. in der Vorbereitung auf ein Bibel- bzw. Predigtgespräch, haben sich gerade die Kurzexegesen wie die in der Reihe „Unsere Hoffnung – Gottes Wort"[7] als sehr dienlich erwiesen.

Oft ist es für Klärungsfragen des Textes aber schon allein zuträglich, diesen im größeren Textzusammenhang anzuschauen.

Geschah die Texterschließung allein durch den Prediger, so sei hier nochmals an das homiletische Dreieck erinnert, das als drittes Element für den Predigtprozess den Hörer benennt. Als Prediger ist mir die Gottesdienstgemeinde in der Regel bekannt. In der Predigtvorbereitung trete ich mit den Hörern gleichsam in ein fiktives Gespräch.

– *So bekomme ich ein Bild der Gemeinde:*

Mir wird bewusst, welche sozialen Schichten und Altersgruppen bei der Predigt anwesend sind. Gut ist es, sich einzelne Personen vorzustellen. Welche Probleme, Freuden, Hoffnungen haben sie? Wie leben sie? Welcher Glaube trägt sie? Warum kommen sie zum Gottesdienst? Was erwarten sie von diesem?

– *Ich erhalte auch ein Bild von mir selbst:*

Welche Stellung habe ich in der Gemeinde? Wer bin ich für meine Zuhörer? Bin ich der Experte in Glaubenssachen oder ein Gefährte auf dem gemeinsamen Glaubensweg, einer, der gemeinsam mit den anderen Gottsucher ist? Was unterscheidet mich von der Gottesdienstgemeinde (Alter, Familienstand, Beruf, Lebenssituation, Anliegen, Ängste, Hoffnungen ...)?

– *Außerdem wird so auch noch etwas über den Text klarer:*

Wie bekannt ist der vorgelegte Text bei den Hörern? Was könnte beim einmaligen Hören des Textes un- oder missverständlich sein? Hören sie vielleicht nicht mehr hin, weil sie meinen, den Text schon zu kennen? Was können sie bei einem gut bekannten Text leicht überhören? Welchen Gesamteindruck oder welche Assoziationen hinterlässt der Text vermutlich bei den Hörern?

– *Die Umwelt wird deutlicher:*

Das „Gespräch" mit dem Hörer zeichnet mir auch ein Bild über die Welt, in der wir augenblicklich leben. Was treibt die Menschen gegenwärtig um? Was bestimmt die öffentliche Meinung, den Zeitgeist? Was sind die Schlagzeilen der Medien? Worüber wird im Ort gesprochen, was wird verschwiegen?

4.5 Festlegen eines Predigtkerns: Thema und Ziel der Predigt

Wer an diesem Punkt auf seine Notizen schaut, findet eine Vielzahl von Gedanken und Themen, die mit dem Predigttext zusammenhängen. Gerade im Blick auf die Hörer gilt es nun, sich für ein Thema zu entscheiden, worüber man sprechen kann und will! Da ich nicht über alles reden kann, muss ich mich auch von vielen Ideen und Gedanken zugunsten der Luzidität der Predigt verabschieden.

Zugleich ist hier der Augenblick, zu überlegen, was ich mit meiner Predigt bei meinen Hörern erreichen möchte. Ich muss mir ein Predigtziel formulieren. Möchte ich die Hörer in einer bestimmten Situation ermutigen, sie in bestimmtem Verhalten bestätigen oder in einer Handlungsweise hinterfragen? Ist es mein Anliegen, die Gemeinde zu konfrontieren, oder habe ich das hohe Ziel, die Zuhörer zu einem bestimmten Handeln oder einer Verhaltensänderung zu motivieren? Es ist für die weitere Predigtarbeit von großem Nutzen, das Ziel schriftlich zu formulieren. Dies klärt meine vielen Predigtgedanken. Das Ziel (Homiletiker sprechen vom Zielsatz) ist so etwas wie der rote Faden, der sich durch eine Predigt ziehen sollte. An diesem Zielsatz kann man auch überprüfen, ob das Thema der Predigt wirklich von der Gemeinde her gedeckt ist oder ob es sich nur um eine „Lieblingsidee“ des Predigers handelt.

Das Thema und die im Zielsatz abgesteckte Predigtintention bilden zusammen den Predigtkern. Mit ihm sollte man noch einige Zeit „schwanger gehen“, d.h. ihn immer wieder im Gebet durchmeditieren, in sich selbst hineinhorchen, ob es wirklich das eigene Thema ist, und mehrmals die Relevanz des Predigtkerns auf die Hörerschaft hin überprüfen.

4.6 Die Predigtidee anreichern, durchdringen, konkretisieren

In einem weiteren Arbeitsschritt sucht man nach Verstärkungen, Beispielen oder auch nach Gegenbeispielen, die das Thema der Predigt konkretisieren und in ein neues Licht setzen.

Fündig wird man dabei z.B. in der Gesellschaft, indem man nach Lebenszusammenhängen Ausschau hält, für die das Thema relevant ist. Weiter können Meldungen aus den Medien das Thema mit Beispielen

anreichern, genauso wie aktuelle Filme, Bücher oder ganz banale Werbung. Ein „Fundus" für Beispiele ist ebenso das private Leben: kleine Begebenheiten am Rande, Schlüsselerlebnisse, Erfahrungen, Erzählungen anderer, Hobbys und Gewohnheiten. Manchmal eignen sich das Gemeindeleben, gemeinsame Fahrten, Unternehmungen verschiedener Gruppierungen oder der Kirchenbau als Verdeutlichung und beispielhafte Konkretisierung des Predigtthemas. Ein Blick lohnt sich fernerhin in die Theologie oder das kirchliche Leben, in die Liturgie, religiöses Brauchtum und die Volksfrömmigkeit.
Man kann sich auch auf die Suche machen in Materialsammlungen, wie z.B. den Kurzgeschichtenbüchern von Willi Hoffsümmer.[8] Hier gilt es aber Vorsicht walten zu lassen, denn es gibt Geschichten, die inzwischen schon „etwas abgegriffen" sind!

4.7 Ein erster Predigtentwurf

Obwohl man viele Ideen und Gedanken bereits verworfen hat, befindet sich in diesem Stadium der Predigtvorbereitung immer noch sehr viel an Material auf den Notizzetteln und im Kopf. Nun beginnt die große Sortierarbeit. Was brauche ich wirklich für eine klare, aussagekräftige Predigt, was wird mir letztendlich zum Ballast, der meine Aussageabsicht und mein Ziel eher verdunkelt als erhellt? Hier ist der Punkt, an dem der Prediger entscheidet, wie er sein Predigtthema behandeln will. Eine erste Gliederung und eine Art Argumentationsstruktur entstehen.

4.8 Aufbaumöglichkeiten für die Predigt

Die Homiletik kennt verschiedene Aufbaumodelle der Predigt, die hier nicht ausführlich behandelt werden können. Es bleibt nur der Verweis auf die homiletische Literatur.[9] Ein Modell soll aber kurz dargestellt werden, das sich besonders gut für die Predigt eignet: das 5-Phasen- oder lernpsychologische Modell.
Die 1. Phase ist die Motivation. Sie ist gleichsam der Einstieg in die Predigt. Dabei soll der Hörer auf eine Ausgangsfrage hin disponiert werden. Das in der Motivation angesprochene Predigtthema soll der Hörer

als für sich relevant wahrnehmen. Oder er sollte sich zumindest in der geschilderten Situation wiedererkennen können, auch wenn sie ihn gegenwärtig nicht direkt betrifft.
In der 2. Phase, Problemdarstellung, wird die in der Motivation aufgenommene Frage auf ein Problem hin fokussiert. Das angesprochene Thema erhält ein bestimmtes Profil und wird dadurch konkret. Es wird eine Beziehung zwischen Hörer und Thema hergestellt. Auch die Verbindung zwischen dem Ausgangsproblem und dem biblischen Text wird hier geknüpft.
Die 3. Phase, Versuch und Irrtum, zeigt Problemlösungsmöglichkeiten auf. Scheinlösungen werden als solche markiert. Der Bedarf an einer anderen, neuen, die Situation verändernden Lösung wird deutlich.
In Phase 4 wird ein Lösungsangebot unterbreitet. Eine mögliche Lösung für das eingangs aufgeworfene Problem wird gerade auf dem Hintergrund der biblischen Botschaft angeboten. Sie darf keine Scheinlösung sein, muss also Gegenargumenten standhalten. Eine Problemlösung wird angebahnt. Aus der Perspektive des biblischen Textes kommt für den Hörer eine neue Situation zum Vorschein.
Die vorgelegte Lösung findet in Phase 5 eine Lösungsverstärkung. Die Tauglichkeit bzw. die Bewährung des angebotenen Lösungsversuches wird durch ein konkretes Beispiel nochmals verdeutlicht. Der Hörer wird ermutigt, das Lösungsangebot für möglich zu halten, es in das eigene Leben zu übersetzen und entsprechend zu handeln.

4.9 Erstellen eines Sprechplans

Inzwischen ist die Predigt inhaltlich gewachsen. Manche führen sie penibel schriftlich aus, andere belassen es bei ausführlichen Sprech-Denk-Versuchen. Das hängt sicherlich vom Typ des Predigers ab. Um der Lebendigkeit willen ist es ein gutes Ziel, die freie Rede in der Predigt anzustreben. Aber selbst dazu sollte ich mir so etwas wie einen Sprechplan erstellen, auf dem Thema und Zielsatz meiner Predigt und in Stichworten die inhaltlichen Schritte meiner Predigtüberlegungen stehen. Zitate oder sprachliche Formulierungen, die mir für den Predigtverlauf wichtig sind, notiere ich mir ebenfalls.

Viele fühlen sich jedoch in der Situation der Predigt sicherer, wenn sie ein ausformuliertes Skript bei der Predigt verwenden. In diesem Fall sollte man sich immer klarmachen, dass die Predigt keine Vorlesung ist. Schon allein das bewusste Einhalten von Sprechpausen kann eine Vorlesungsatmosphäre verhindern. Es empfiehlt sich aber auch, z.B. dort, wo es dem Prediger möglich ist, wie bei Erzählungen, dem Schildern von Beispielen etc., vom Skript zur freien Rede überzugehen. Die Predigt bleibt so spannender!

5. Materialangebote für die Predigt

5.1 Predigthilfen und der Umgang mit ihnen

Auf dem Zeitschriften- und Buchmarkt wird eine Vielzahl von Predigthilfen mit Predigtvorlagen für die private Predigtwerkstatt angeboten. Die große Frage ist, wie man verantwortlich damit umgeht. Kann man einfach eine Predigt eins zu eins übernehmen? Fällt nicht ein Prediger, der eine Vorlage benutzt, in gewisser Weise aus dem anfangs dargestellten Wort-Gottes-Ereignis heraus und wird zum subjektlosen „Lautsprecher" eines anderen? Dies trifft sicher zu, wenn man sich mit Predigtvorlagen generell die Predigtarbeit erspart. Empfehlenswert ist ein kreativer Umgang mit diesen Materialien. Predigtvorlagen sind so etwas wie eine Ideenbörse. Manchmal bringen sie Gedanken ins Wort, die einen umtreiben, die man aber selbst nicht so treffend auf den Punkt bringen kann. Oder man findet Gedanken, die völlig neu sind und so überraschen, dass man sie, selbst davon ergriffen, in die eigene Predigt mit einbaut oder weiterspinnt. Die Erfahrung zeigt: Dort, wo ich selbst von einem Gedanken persönlich angesprochen werde, kann ich mit ihm auch ansprechen. Predigtvorlagen können, richtig benutzt, zu Brücken zum persönlichen Predigen werden. Heribert Arens hat 1983 in der Zeitschrift „Der Prediger und Katechet"[10] ein homiletisches Verfahren vorgelegt, das zum verantworteten Umgang mit Predigthilfen anleitet. Gerade für Leiter von Wort-Gottes-Feiern, die ohne ein grundlegendes Theologiestudium ihren Verkündigungsdienst leisten, stellt es eine befruchtende Arbeitsmethode dar:

5.1.1 Lesen und Bedenken der Vorlage

- Zuerst geht es um den Gesamteindruck, den eine Vorlage beim Lesen hinterlässt. Fühle ich mich selbst angesprochen? Möchte ich selbst als Hörer diese Ansprache hören?
- Wenn mir die ganze Vorlage nicht gefällt: Finde ich Einzelteile, die mich ansprechen? Reizen mich diese Einzelteile, weiterzudenken, diese weiterzuentfalten? Können Einzelteile (wie Erzählungen, Beispiele) zum Ausgangspunkt einer neuen Predigt werden?
- Wenn mich die Vorlage insgesamt anspricht, kann es sein, dass mir Einzelteile nicht zusagen. Ein kritischer „zweiter Blick“ setzt manche Vorlage oder Teile davon in ein anderes Licht!

5.1.2 Analyse des Predigtzieles

In einem zweiten Schritt schaue ich genauer hin. Wohin führt mich die Predigt? Was will diese Predigt bei mir erreichen? Um mir das bewusst zu machen, ist es gut, dieses analysierte Predigtziel schriftlich zu fixieren. Das Ziel vor Augen, kann ich besser bedenken:

- Welche Bedeutung hat dieses Ziel für mein Leben? Denn was für mich Bedeutung hat, kann auch für andere Bedeutung haben!
- Kann ich das Ziel bejahen oder möchte ich es lieber anders gewichten?

5.1.3 Analyse der Einzelteile

- Wie sind die Einzelteile der Predigtvorlage gestaltet hinsichtlich der Darstellung des Textes, der Darstellung der Hörersituation, der Darstellung der Beziehung zwischen Text und Situation?
- Kann ich diese Darstellungen übernehmen?
- Wo möchte ich lieber etwas verändern (z.B. an der Hörersituation)?
- Finde ich in meinem eigenen Erfahrungsraum Beispiele und Veran-

schaulichungen, mit denen meine Ausführungen glaubwürdiger sind als mit denen in der Vorlage?

5.1.4 Rhetorische Aufarbeitung

- Ich lese den Text mehrmals durch!
- Ich notiere mir in Stichworten den roten Faden, eventuell auch die Argumentationsstruktur.
- Ich nehme Änderungen vor.
- Ich spreche oder schreibe die Predigt mit eigenen Worten neu! Dabei benutze ich aus der Vorlage nur Formulierungen, die mir besonders gut gefallen.

Die vorgestellten Schritte von der Predigtvorlage zur eigenen Predigt erweitern in gewisser Weise das homiletische Dreieck um einen Kommunikationsfaktor. Der biblische Text, der Verfasser der Predigtvorlage, der Prediger, der mit der Vorlage arbeitet, und die Hörergemeinde, für die die Predigt erarbeitet wird, stehen miteinander in Beziehung und im Austausch.

5.2 Das Internet als Fundgrube für die Predigt

Das Internet ist zu einer großen Materialbörse hinsichtlich Predigtanregungen avanciert. Doch müssen viele dieser Seiten mit kritischen Augen betrachtet werden, finden sich doch in den eingestellten Predigten manchmal arge theologische Engführungen, die wenig Inspiration für die eigene Predigtarbeit enthalten. Empfehlen kann man das kostenlose Internetpredigtforum der Redemptoristen (www.predigtforum.at). Die eingestellten Predigtentwürfe bieten viele Ideen und Anregungen für die eigene Predigt. Neben den Kurzeinführungen in die Lesungstexte und Evangelien der Sonn- und Feiertage finden sich darüber hinaus Angebote an liturgischen Texten, die hilfreich für die Gestaltung von Wort-Gottes-Feiern sein können. Bereichernd sind ebenso die vielen Kontexte aus Presse und Literatur, die dort wöchentlich neu eingestellt werden.

Albert Gerhards

Der Ambo als Ort der Wortverkündigung

1. Das wiedererwachte Interesse am Thema

Der Ambo als „Tisch des Wortes“ ist wieder stärker in den Blickpunkt des kirchlichen Interesses gerückt.[1] So fanden in jüngerer Zeit verschiedene Tagungen zu diesem Thema statt, die den Ort der Wortverkündigung aus historischer, theologischer, architektonischer, künstlerischer und liturgisch-praktischer Sicht betrachteten.[2] Dies ist kein Zufall. Denn die (Wieder-)Einführung des Ambos stellt eines der herausragenden Merkmale nachvatikanischer Liturgiereform dar, die 40 Jahre nach Konzilsende immer noch zur Debatte steht. Außerdem gewinnt der Wortgottesdienst als Wort-Gottes-Feier einen neuen Stellenwert infolge zunehmender Reduktion der Eucharistiefeiern.
Bei näherer Betrachtung der historischen und praktischen Aspekte stellt sich bald heraus, dass man die liturgischen Hauptorte kaum isoliert voneinander behandeln kann, insbesondere Ambo, Altar und Priestersitz,[3] wobei sich in Bezug auf den Ambo allein schon die terminologische Festlegung sowie die funktionale Bestimmung als ein großes Problem erweisen. Der Ambo war in der Geschichte in Gestalt und Funktion etwas höchst Unterschiedliches. Dementsprechend variiert die Platzierung des Ambos im Altar- bzw. Kirchenraum. Die zahlreichen Beispiele aus verschiedenen Ländern zeigen einerseits eine erstaunliche Vielfalt der Ideen und konkreten Ausgestaltungen, andererseits aber auch die ungelöste Problematik in Bezug auf Gestalt und Anordnung. Ist der Ambo ein dem Altar vergleichbares Monument, ein zweiter Tisch neben oder gegenüber dem Altartisch? Handelt es sich bei der Rede vom „Tisch des Wortes“ (SC 51, DV 21) vielleicht doch nur um eine Metapher?[4] Von seiner Ursprungsbedeutung her ist der Ambo nichts anderes als ein erhöhter Ort (von gr. anabainein = hinaufstei-

gen), von dem aus man gehört und gesehen werden kann. Die Buchablage wäre demzufolge nur eine Prothese, die durchaus von einer Person, die das Buch hält, ersetzt werden könnte. Ein berühmtes Elfenbeindiptychon aus dem 9. Jahrhundert mit der Darstellung der römischen Messe zur Zeit Papst Gregors des Großen zeigt den Papst bei seiner Predigt denn auch frei stehend, die Rechte in oratorischer Geste, die Linke das Evangeliar umfassend, das seitwärts auf einer Buchablage liegt.[5] Zwischen Monumentalismus und Minimalismus (vgl. das Steinpodest ohne jegliche Buchablage von Karl Prantl in Sargenzell, 1984)[6] existiert eine Vielzahl von Variationsmöglichkeiten, die jeweils von unterschiedlichen Auffassungen in Bezug auf den Akt der Verkündigung und andere liturgische Vollzüge Zeugnis geben.

In den verschiedenen theologischen Beiträgen der jüngeren Zeit schälte sich ein Konsens heraus, dass der Ambo seine Bedeutung als Ort des Verkündigungsgeschehens erhält. Das Wesentliche ist also der an ihm stattfindende Akt, durch den die Vergegenwärtigung des Wortes Gottes in der feiernden Versammlung geschieht. Insofern sich am Ambo Anamnese und damit Vergegenwärtigung ereignet, ist er im Vollzug durchaus mit dem Altar als Ort der eucharistischen Anamnese vergleichbar. Da der Glaube vom Hören kommt, ist die Wortverkündigung der sakramentalen Feier vorgeordnet. Dennoch handelt es sich um eine der eucharistischen Präsenz analoge Realpräsenz des Wortes. Der Bonner Dogmatiker Josef Wohlmuth führt in Anlehnung an den jüdischen Philosophen Emanuel Levinas aus, dass Sprache als Selbstmitteilung immer auch zur Gabe wird. Gott schenkt sich in seinem Wort.[7] In heutigen Gottesdiensten zeigt sich vor allem der unsachgemäße Umgang mit dem Wort, dessen verändernde Kraft offenbar nicht mehr geglaubt wird. So verkümmert der Wortgottesdienst nicht selten zu einer Informationsveranstaltung.

Demgegenüber kann ein Blick in die Geschichte der Ambonen den erstaunlichen Reichtum und die Vielfalt hinsichtlich der Nutzungsmöglichkeiten offenlegen. Besonders in Italien war der Ambo primär Ort der Auferstehungsverkündigung, oft verbunden mit dem Osterleuchter und dem Taufbrunnen. Hier wurde in den letzten Jahren ein Corpus der spätantiken und mittelalterlichen Ambonen zusammengestellt, um eine Typologie dieses liturgischen Ortes in der Geschichte zu ermöglichen. Zweifellos muss man stets von konkreten Situationen ausgehen und die Quellen sprechen lassen. Dabei zeigt sich, dass die Ambonen eine jeweils wechselnde Bedeutung im Hinblick auf das Grundverständnis der Liturgie als Vergegenwärtigung (Anamnese) oder Imitatio (Mimesis) hatten.[8]

Hier stellt sich wieder die Rückfrage nach der Funktion des Ambos innerhalb der jeweiligen Versammlung. Der große Reformbischof der Gegenreform, Carlo Borromeo, sorgte in seiner Kathedrale, dem Mailänder Dom, für den Erhalt der Ambonen. Diese wurden ansonsten in der Zeit der tridentinischen Reformen funktionslos und verschwanden. An deren Stelle traten einerseits die Kanzel als Predigtort und andererseits die Orgelempore als Ort der Sängerchöre. Nördlich der Alpen wurden in dieser Zeit weitgehend die Lettner entfernt, auf denen ebenfalls Funktionen der alten Ambonen stattfanden, wie Gesang, Predigt, Zeigung von Reliquien. War die Kanzel für einige Jahrhunderte adäquater Ort der Verkündigung, der nicht zuletzt auch die Ikonographie zahlreicher Barockkanzeln diente, so wurden diese im Zuge der liturgischen Erneuerung funktionslos. Immer wieder wird die Frage gestellt, was mit den noch vorhandenen Kanzeln geschehen solle. Generell sollte man sie wenigstens gelegentlich nutzen, z.B. im Rahmen von festlichen Gottesdiensten, aber auch bei musikalischen oder literarischen Veranstaltungen.

2. Problemfelder

Der Vergleich verschiedener Ambo-Lösungen in unterschiedlichen Ländern zeigt einige Problemfelder: Wie verhalten sich Funktion und Symbol zueinander? In welchem Verhältnis steht der Ambo zum Altar sowohl hinsichtlich Materie und formaler Gestaltung, als auch hinsichtlich der Position? Als Drittes kommt die Frage der Platzierung des Priestersitzes hinzu. Bisweilen wird auch der Tabernakel oder der Taufort in die „Choreographie" einbezogen. Die vorgestellten Beispiele sind, wie zu erwarten, von unterschiedlicher Qualität. Abgesehen von

der klassischen nachkonziliaren Anordnung des Ambos neben dem Altar bzw. seitlich von ihm, vor- oder zurückversetzt, finden sich Lösungen in der Mitte vor oder hinter dem Altar, immer häufiger auch die so genannten Communio-Räume, die die liturgischen Hauptorte auf der Mittelachse des gesamten Kirchenraumes anordnen und die Sitze der Gläubigen in der Art des klassischen Chorgestühls an die Seiten verlagern. Bei der Gestaltung des gesamten Gottesdienstraumes ist zu bedenken, dass die Eucharistiefeier nicht die einzige Gottesdienstform ist und wohl zunehmend in „Konkurrenz" zu anderen Formen wie Wortgottesdiensten und Stundengebet tritt. Hier könnten Raumgestalten, die vom „offenen Kreis" ausgehen, der sich gleichsam zu einer U-Form verlängert, hilfreich sein: Die Gemeinde versammelt sich von drei Seiten um die Mitte, in der der Altar steht, dem ein freier Raum vorgelagert ist. Am Ende der seitlichen Bank- bzw. Stuhlreihen steht der Ort der Wortverkündigung. Hier gibt es beim Verkündigungsakt ein direktes Gegenüber, während bei den Gebeten und der Eucharistie eine gemeinsame Ausrichtung möglich ist. Dieses zunächst als Denkmodell vorgetragene Raumschema bildet den Ansatzpunkt für einen weiteren Gedankenschritt, der die Versammlung insgesamt betrifft unter dem Gesichtspunkt der Orientierung, d.h. der Bezogenheit der liturgischen Feier auf eine „exzentrische Mitte" (Reinhard Meßner), auf den „Osten des Glaubens" (Joseph Ratzinger). Dabei ist unter Einbeziehung der Fragen der Platzierung von Priestersitz und Chor bzw. Schola die Versammlungsgestalt als Ganze zu reflektieren und zu den liturgischen Handlungsorten in Bezug zu setzen.
Wenn es um die Symbolisierung der Begegnung mit dem wiederkommenden Herrn geht, der von außen in seiner Gemeinde Einzug hält, um die Begegnung durch Jesus Christus im Heiligen Geist mit Gott, dem Vater, dann muss dies auch leibhaften Ausdruck finden. Dieses eschatologische Gegenüber ist, wie Reinhard Meßner zu Recht bemerkt hat, nicht durch einen menschlichen Stellvertreter darstellbar.[9] Wenn Gebets- und Mahlgestalt auf den Altar bezogen sind (allerdings in gegenläufiger Richtung), so erfordert die Wortverkündigung in der Regel einen zweiten Schwerpunkt. In dem weiterentwickelten Konzept der „Communio-Räume" befindet sich der Ort der Wortverkündigung in

dem offenen Segment des nun zum Oval oder zur Ellipse gestreckten Kreises. Hier hat in der Tat die Repräsentanz des im Wort der Schrift zu uns sprechenden göttlichen Subjekts durch eine konkrete menschliche Person ihre Berechtigung. Daher kann im Moment der Wortverkündigung das offene Segment geschlossen werden.[10]

3. Theologische Besinnung auf den Ambo

Die angezeigten Problemfelder deuten auf ein Spannungsmoment hin, das durch den „zweiten Tisch" in den zentralen Handlungsraum des christlichen Kultraums eingetragen wird. Dabei spielt die Parallele der jüdischen Synagoge eine Rolle, da sie ein ähnliches Spannungsmoment aufweist. Hier geht es um die Frage, wie mit dem jeweiligen Spannungsverhältnis zwischen kommunikativen und kultischen Momenten umgegangen wird. Salomon Korn charakterisiert die Raumidee der Synagoge so: „Der Salomonische Tempel war nicht die architektonisch angemessene Antwort auf den Monotheismus, sondern Übergangs- und Kompromissform zwischen sinnlichem Götzendienst und Glauben an einen unsichtbaren Gott."[11] An seine Stelle tritt „die ‚unsinnliche' Synagoge ohne Priester, wo jeder Betende in unmittelbarer Beziehung zu Gott stand, wo anstelle des Altars die erhöhte Predigerestrade, anstelle des blutigen Opfers das unblutige Gebet und anstelle der Bundeslade mit den Gesetzestafeln der Toraschrank mit den biblischen Schriftrollen traten."[12] Anstelle der differenzierten Raumfolge gestaltet sich der konzentrische Versammlungsraum, um vom Schriftgelehrten Gottes Wort zu hören. „Daraus folgt für den Bau, dass man sich um einen Punkt, praktischerweise um einen erhöhten Punkt, sammeln könne, damit der Vortragende allen sicht- und hörbar sei: Die erhöhte Kanzel, der Almemor, auf der der Vortragende seinen Platz hat, ist damit als geistiges und örtliches Zentrum gegeben ..."[13]
Neben der eher profan ausgerichteten Belehrung erwuchs jedoch die Notwendigkeit, in der Synagoge auch geregelte sakrale Handlungen mit und neben dem Gebet vorzunehmen. „Somit traten neben die rationalen Momente der geistigen Belehrung und des Gottesdienstes auch

sakrale und damit andere, zusätzliche Forderungen an den Raum. Es handelt sich dabei um den Aron ha-Kodesch, kurz Aron genannt, den heiligen Schrein, der die Tora, die biblischen Schriftrollen, enthält ...“[14]
In ihrer wechselvollen Geschichte schwankt die Synagoge je nach äußeren und inneren Bedingungen „zwischen Provisorium und festem Haus, zwischen lebendiger Religiosität und ritualisiertem Zeremoniell, zwischen Abstraktion und Sinnlichkeit, zwischen rational-profanen und magisch-sakralen Elementen. Diese Gegensatzpaare finden ihre konkrete Umsetzung im Konflikt zwischen Almemor und Heiliger Lade, das heißt zwischen deren räumlicher Position, Größenverhältnis und Gestaltungsmerkmalen.“[15]
Die Spannung führt zu Problemen hinsichtlich der Raumdisposition: „Von seiner exponierten Stellung her ‚fordert‘ der Almemor eher den Zentralraum, während die Ostwandposition des Aron ha-Kodesch durch ein Langhaus betont werden kann. Dem ideellen Konflikt zwischen Almemor und Aron ha-Kodesch entspricht auf architektonisch-räumlicher Ebene der Konflikt zwischen Zentralität und Longitudinalität ... Die (äußere) Architektur der Synagoge ist austauschbar – das (innere) bipolare räumliche Prinzip, die ‚synagogale Raumantinomie‘, ist es nicht!“[16]
Eine analoge Bipolarität ist in den beiden Hauptteilen der Messe gegeben. In syrischen und griechischen Kirchen finden sich Beispiele der Bipolarität eines Bema im Kirchenraum und des „Allerheiligsten“ mit dem Altar im Osten. In diesem Bild füllen die eucharistischen Gaben (im Kontext der Opferhandlung) die Leere des Heiligtums. Den beiden Gegenwartsweisen (auch das Schriftwort ist Verbum incarnatum!) entsprechen die beiden Einzüge der byzantinischen Liturgie. Demgegenüber entspricht der zentral (im Langhaus oder Querhaus) aufgestellte Altar einer anderen Bildsymbolik, der der häuslichen Tischgemeinschaft. Hier ist das Mahl (auch in Kontinuität zu den antiken Totenmählern) die formgebende Symbolgestalt. Die Bipolarität des synagogalen Konzepts ist hier nicht mehr deutlich (vgl. die römische Choranlage mit zwei Ambonen). Der Grund: Die Versammlungsgestalten des Lehrhauses und der Mahlgemeinschaft sind nicht polar wie die der (gerichteten) Opferhandlung und der (konzentrierten) Lehrsituation. Es handelt sich nur um Modifikationen: das „Gegenüber“ der Lehrsituation und

das „Miteinander“ der Mahlsituation. Die Polarität ergibt sich aus den beiden Handlungsorten inmitten der Gemeindeversammlung.[17] Reinhard Meßner hat die Polarität noch stärker akzentuiert: In einem Beitrag bezieht sich der Innsbrucker Liturgiewissenschaftler auf die Grundgestalten der Versammlung im Rahmen der Eucharistiefeier. Im Unterschied zu der gängigen zweifachen Einteilung von Wort- und Mahlgestalt sieht er eine dreifache: Verkündigung, Gebet, eucharistische Tischgemeinschaft (Kommunion). Sein Argument lautet, dass die „Mitte“ der Gemeinde exzentrisch ist, d.h.: In jedem dieser Grundvollzüge wird die Gemeinde auf ihre Mitte hingeordnet, die aber über die Versammlung hinaus verweist. Für die Verkündigung heißt dies: „Im Gegenüber der mit der Verkündigung betrauten Person kommt Gottes Wort, sein Wort, auf die Gemeinde zu; der Mensch, der Gottes Wort (in Schriftlesung und Predigt) verlautet, stellt gerade in seinem leiblichen Gegenüber das ‚extra‘ des Gotteswortes dar, das die Gemeinde eben nicht in ihrer Mitte vorfindet oder hat.“[18] Für das Gebet bedeutet dies: „Im Gebet steht die ganze Gemeinde, einschließlich der Person, die das (Präsidial-)Gebet im Namen der Gemeinde verlautet, dem Adressaten des Gebetes, also Gott, gegenüber. Kann Gottes Wort, weil es im Medium menschlichen Wortes ergeht, durch einen Menschen leiblich repräsentiert werden, so ist dies im Falle des Adressaten des Gebetes nicht möglich. Die Gemeinde richtet sich hier auf ihre exzentrische Mitte im strengen Gegenüber zu Gott, das nicht durch das leibliche Gegenüber eines Menschen darstellbar ist.“[19] Für die Tischgemeinschaft bedeutet dies: „Die eucharistische Tischgemeinschaft ist nicht einfach die Gemeinschaft ‚um den (materiellen) Altar‘; der Altar ist auch nicht – außer im Spezialfall eines Tischabendmahls – der Ort, an dem die Kommunion ausgeteilt wird. Die eucharistische Tischgemeinschaft ist vielmehr Gemeinschaft am Tisch des Herrn, der die Gemeinschaft stiftet, indem er seine Gabe, ja sich selbst als Gabe austeilt. Kommunion (κοινονία) bedeutet auch nicht einfach ‚Gemeinschaft‘, sondern ‚gemeinsame Teilhabe‘, welche Gemeinschaft stiftet.“[20]

Welchen Charakter hat der Wortgottesdienst?[21] Es sind mehrere Grundzüge zu unterscheiden:

- Wortgottesdienst ist Glaubenslehre (didaktische Funktion): Hier geht es um das Kennenlernen der Schrift und ihres Inhalts. Der klassische Ort ist der Wortgottesdienst im Rahmen des Katechumenats.
- Wortgottesdienst ist Lebenslehre (parakletische Funktion): Hier ist die Schrift und ihre Auslegung Quelle für die Unterweisung für eine christliche Lebenspraxis.
- Wortgottesdienst ist Gedenken der Heilsgeschichte (anamnetische Funktion): Hier haben Schriftlesung und Predigt vor allem repräsentative Funktion. Die gottesdienstliche Verlautung ist Medium der Vergegenwärtigung der in ihr erzählten Geschichte.
- Wortgottesdienst ist Lobpreis (doxologische Funktion): Hier steht das Lob Gottes um seiner selbst willen im Vordergrund, z.B. in der Morgenhore, den Laudes.

Der anamnetische und der doxologische Charakter des Wortgottesdienstes zeigen sich insbesondere in der rituellen Inszenierung der Verlesung des Evangeliums. Auffällig ist die Diskrepanz gegenüber dem eher schlichten Vortrag der anderen Lesungen aus dem Alten und Neuen Testament. In der byzantinischen Liturgie ist durch die Position des „kleinen Einzugs" zu Beginn des Wortgottesdienstes die Einheit des Gesamtvollzuges deutlicher markiert als in der römischen, wo die Evangeliumsprozession erst unmittelbar vor dem Evangelium erfolgt. Tatsächlich hat die deutliche Unterscheidung zwischen Evangeliumsverkündigung und den anderen Schriftlesungen in der Topographie der römischen Basilika mit den beiden Ambonen ihre Entsprechung. Demgegenüber legen die Dokumente des Zweiten Vatikanischen Konzils und insbesondere die Lehre von der prinzipiellen Einheit der Schrift die Konzentration auf einen einzigen Ort der Wortverkündigung nahe sowie eine der Würde des Vollzugs entsprechende rituelle Inszenierung.[22] In Bezug auf die erwähnten drei Formen des Wortgottesdienstes kann man sagen: Der Wortgottesdienst der Messfeier ist vor allem anamnetisch, wobei die didaktischen und parakletischen Momente sicherlich nicht gänzlich fehlen. Die in den kirchlichen Dokumenten geforderte optimale kommunikative Situation (Verstehbarkeit, Sichtbarkeit) ist daher im Grunde ein zwar notwendiger, aber nicht allein ausschlaggebender Aspekt für die konkrete Position und Gestalt des

Ambos. Dieser steht vielmehr in einer Analogie zum Altar als Ort der Christusanamnese in der Eucharistie.
In vielen, vielleicht sogar in den überwiegenden Fällen wird die derzeitige Lösung diesem Anspruch nicht gerecht. Der Ambo kann sich weder hinsichtlich seiner Gestalt noch seiner Platzierung gegenüber dem Altar behaupten. Gelegentlich hat man dem Bild von den beiden Tischen dadurch zu entsprechen versucht, dass man den Altar aus der Mittelachse herausrückte und Altar und Ambo nebeneinander positionierte. Dies ist aber in den meisten Fällen nicht gelungen, da der „Tisch des Wortes" im Unterschied zum Tisch des eucharistischen Mahles eine Metapher und keine realsymbolische Größe darstellt. In bestimmten Situationen sind Lösungen überzeugender, wo man auf einen eigenen Tisch des Wortes verzichtet und den Altar als Ort der Wortverkündigung benutzt, der am Ende des Wortgottesdienstes gedeckt und für die Eucharistiefeier bereitet wird. Um dem Anspruch des Wortes stärker zu entsprechen, ist man an vielen Orten dazu übergegangen, den Ambo ebenfalls in die Mittelachse zu platzieren, je nach Raumsituation hinter oder vor den Altar. Damit wird die in der frühen Kirche verbreitete Form des Bema wieder aufgegriffen. Ferner besteht die Möglichkeit, sich an einer Stelle zum Wortgottesdienst zu versammeln, um dann zur Eucharistiefeier an eine andere Stelle zu wechseln.

4. Der Ambo bei der Wort-Gottes-Feier

Durch die aus der Not geborene Verbreitung der Wort-Gottes-Feiern bekommt der Ambo als Gottesdienstort eine neue Wertschätzung. Allerdings macht sich bei näherer Betrachtung dieselbe Ambivalenz bemerkbar, die schon hinsichtlich der Eucharistiefeier festgestellt wurde: Wie ist der Ambo im Raum positioniert? Behauptet er sich gegenüber dem Altar? Kann man den Ort der Wortverkündigung durch Schmuck (Kerzen, Blumen) auszeichnen? Dürfen vom Ambo aus neben der Wortverkündigung auch andere Akte wahrgenommen werden, wenn der Ort des Leitungssitzes allein für den Priester reserviert ist und demnach bei der Wort-Gottes-Feier nicht eingenommen werden darf? Was geschieht mit dem Lektionar/dem Evangeliar nach dem Verkündigungsakt, wenn es nicht auf dem Ambo verbleiben soll? Diese Fragen lassen sich nicht generell beantworten, da die Ortsverhältnisse zu unterschiedlich sind. Allerdings zeigt sich im Konkreten sehr bald, ob man es ernst nimmt mit der Aufwertung des Wortes, das im Ambo einen Gedächtnisort auch außerhalb der liturgischen Feier hat.

Mitarbeiterinnen und Mitarbeiter

Dr. Egbert Ballhorn, Dozent für Biblische Theologie im Bistum Hildesheim, Habilitand im Fach Altes Testament

Prof. Dr. Wolfgang Bretschneider, Professor für Kirchenmusik und Liturgik in Köln und Düsseldorf; Honorarprofessor an der Katholisch-Theologischen Fakultät der Universität Bonn

Prof. Dr. Albert Gerhards, Professor für Liturgiewissenschaft an der Katholisch-Theologischen Fakultät der Universität Bonn

Prof. Dr. Jeggle-Merz, Professorin für Liturgiewissenschaft an der Kirchlichen Hochschule Chur

Prof. em. Dr. Reiner Kaczynski, Professor für Liturgiewissenschaft an der Katholisch-Theologischen Fakultät der Universität München

Prof. Dr. Benedikt Kranemann, Professor für Liturgiewissenschaft an der Katholisch-Theologischen Fakultät der Universität Erfurt

Dr. Eduard Nagel, Schriftleiter der Zeitschrift „Gottesdienst", Deutsches Liturgisches Institut, Trier

Prof. em. Dr. Klemens Richter, Professor für Liturgiewissenschaft an der Katholisch-Theologischen Fakultät der Universität Münster

Prof. Dr. Dorothea Sattler, Direktorin des Ökumenischen Instituts an der Katholisch-Theologischen Fakultät der Universität Münster

Prof. em. Dr. Karl Schlemmer, Professor für Liturgiewissenschaft an der Katholisch-Theologischen Fakultät der Universität Passau

Prof. Dr. Thomas Söding, Professor für Exegese des Neuen Testaments am Fachbereich 2 (Geschichte-Philosophie-Theologie) der Bergischen Universität – Gesamthochschule Wuppertal

PD Dr. Martin Stuflesser, Privatdozent für Liturgiewissenschaft an der Katholisch-Theologischen Fakultät der Universität Münster

Pfr. Hermann Würdinger, Fachreferent für Homiletik im Seminar für Homiletik der Erzdiözese München und Freising

Anmerkungen

Einleitung

1 Franz Kohlschein, Priesterlose Gottesdienste während des Kulturkampfs im 19. Jahrhundert in den Bistümern Basel und Paderborn, in: LJ 55. 2005, 156–179, hier 179.
2 Vgl. zu den verschiedenen „Sprachen“ oder Sinnesebenen des Gottesdienstes Karl-Heinrich Bieritz, Liturgik. Berlin 2004, 42–46.
3 Vgl. Wort-Gottes-Feier. Werkbuch für die Sonn- und Festtage. Hg. von den Liturgischen Instituten Deutschlands und Österreichs im Auftrag der Deutschen Bischofskonferenz, der Österreichischen Bischofskonferenz und des Erzbischofs von Luxemburg. Trier 2004, 44f.

Klemens Richter, Zur theologischen Bedeutung von Wort-Gottes-Feiern

1 Das fasst schon für die ersten beiden Jahrzehnte nach dem II. Vatikanum unter Benutzung aller relevanten Literatur gut zusammen Otto Nußbaum, Sonntäglicher Gemeindegottesdienst ohne Priester. Liturgische und pastorale Überlegungen. Würzburg 1985, bes. 103-105; darin (107-110) auch Stellungnahmen und Richtlinien der Diözesen der Bundesrepublik Deutschland.
2 Die Wortgottesfeier. Der Wortgottesdienst der Gemeinde am Sonntag. Vorsteherbuch für Laien. Hg. vom Liturgischen Institut Zürich im Auftrag der deutschschweizerischen Bischöfe. Freiburg/Schweiz 1997.
3 Wort-Gottes-Feier. Werkbuch für die Sonn- und Festtage. Hg. von den Liturgischen Instituten Deutschlands und Österreichs im Auftrag der Deutschen Bischofskonferenz, der Österreichischen Bischofskonferenz und des Erzbischofs von Luxemburg. Trier 2004.
4 Einführung, in: Die Wortgottesfeier (wie Anm. 2) 11.
5 Weisungen, in: Die Wortgottesfeier (wie Anm. 2) 8.
6 Johannes Paul II., Enzyklika Ecclesia de Eucharistia. Über die Eucharistie in ihrem Verhältnis zur Kirche, Bonn 2003 (VApS 159) Nr. 32.
7 Geleitwort, in: Wort-Gottes-Feier (wie Anm. 3) 3.
8 Weisungen: In: Die Wortgottesfeier (wie Anm. 2) 1.
9 Einen guten Überblick vom II. Vatikanum bis 1999 bietet Stefan Rau, Sonntagsgottesdienste ohne Priester. Problematik und Hilfen für die Praxis. Kevelaer 1999, 13–41.
10 Unter anderem in: Die Feier der heiligen Messe. Meßbuch. Für die Bistümer des deutschen Sprachgebietes. Authentische Ausgabe für den liturgischen Gebrauch.

Kleinausgabe. Einsiedeln u.a. ^{2}1988, 25*-73*, hier 30*f. In der lateinischen Neuausgabe der Editio tertia des Missale Romanum von 2000, für die es noch keine offizielle deutsche Übersetzung gibt, ist es – wortgleich – Nr. 27.

11 Gemeinsame Synode der Bistümer in der Bundesrepublik Deutschland. Beschlüsse der Vollversammlung. Offizielle Gesamtausgabe I. Hg. im Auftrag des Präsidiums der Gemeinsamen Synode ... von Ludwig Bertsch u.a. Freiburg/Br. ^{2}1976, 187–225.

12 Gemeinsame Synode (wie Anm. 11) 202–205, hier 205.

13 Vgl. u.a. Nußbaum, Sonntäglicher Gemeindegottesdienst ohne Priester (wie Anm. 1) 98f.

14 Vgl. Katholisches Gesangbuch. Gesang- und Gebetbuch der deutschsprachigen Schweiz. Hg. im Auftrag der Schweizer Bischofskonferenz. Zug 1998. Nr. 250 sieht einen eigenständigen Wortgottesdienst am Sonntag vor, doch bietet Nr. 251 einen „Wortgottesdienst mit Kommunionausteilung".

15 Vgl. den Beitrag von Eduard Nagel, Mit oder ohne Kommunion?, in diesem Band.

16 CIC 1983, can. 1248 § 2.

17 Katechismus der Katholischen Kirche. München u.a. 1993, Nr. 2183.

18 Rau, Sonntagsgottesdienste ohne Priester (wie Anm. 9) 24.

19 Empfehlungen für die Feier von sonntäglichen Gemeindegottesdiensten ohne Priester. Unveröff. Protokoll der Vollversammlung der Deutschen Bischofskonferenz vom 19.–22.09.1983 in Fulda.

20 Kongregation für den Gottesdienst, Direktorium „Sonntäglicher Gemeindegottesdienst ohne Priester". Bonn 1988 (VApS 94). Vgl. zur 20-jährigen Geschichte dieses Textes Bernhard Kirchgessner, Kein Herrenmahl am Herrentag? Eine pastoralliturgische Studie zur Problematik der sonntäglichen Wort-Gottes-Feier. Regensburg 1996 (StPaLi 11) 151–169.

21 Gemeinsame Synode (wie Anm. 11) 197f.

22 AEM Nr. 1; Neuausgabe von 2000, Nr. 16 (wie Anm. 10).

23 Hermann Volk, Zur Theologie des Wortes Gottes. In: Wort und Sakrament. Hg. v. Heinrich Fries. Köln 1966, 73–87, hier 77.

24 PEML Nr. 7. U.a. in: Die Feier der heiligen Messe. Meßlektionar. Für die Bistümer des deutschen Sprachgebietes. Authentische Ausgabe für den liturgischen Gebrauch. Bd. I: Die Sonntage und Festtage im Lesejahr A. Einsiedeln u.a. 1982, 11*-40*.

25 Bernhard Kirchgessner, Gottes Wort. Gefeiert, verkündet und in Zeichen gedeutet, in: HlD 54. 2000, 181–192, hier 184f.

26 Rau, Sonntagsgottesdienste ohne Priester (wie Anm. 9) 43. Vgl. u.a. Franz-Peter Tebartz-van Elst, Gemeinden werden sich verändern. Mobilität als pastorale Herausforderung. Würzburg 2001. Zu einer neuen, aber weithin schon konkreten Situation vgl. Benedikt Kranemann, Gemeindeliturgie vor den Herausforderungen der „Seelsorgeeinheit", in: Priester und Liturgie. Manfred Probst zum 65. Geburtstag. Hg. v. George Augustin u.a. Paderborn 2005, 371–391.

27 Wort-Gottes-Feier (wie Anm. 3) 13. Vgl. Emil-Joseph Lengeling, Liturgie – Dialog zwischen Gott und Mensch. Hg. v. Klemens Richter. Freiburg/Br. 1981.

28 PEML Nr. 6 (wie Anm. 24). Vgl. auch den Beitrag von Thomas Söding, „Nahe ist dir das Wort, in deinem Mund, in deinem Herz" (Dtn 30,14 – Röm 10,8). Verkündigen durch Lesen – Glauben durch Hören, in diesem Band.

29 Vgl. Die diakonale Dimension der Liturgie. [FS für Klemens Richter]. Hg. v. Benedikt

Kranemann – Thomas Sternberg – Walter Zahner. Freiburg/Br. 2006 (QD 218).

30 Vgl. dazu den Beitrag von Birgit Jeggle-Merz, Wortgottesdienst: „colloquium inter Deum et hominem“ (DV 25) in vielfältiger Gestalt und Ausprägung, in diesem Band.

31 Allgemeine Einführung in das Stundengebet, Nr. 14. U.a. in: Die Feier des Stundengebetes. Stundenbuch. Für die katholischen Bistümer des deutschen Sprachgebietes. Authentische Ausgabe für den liturgischen Gebrauch. Bd. I. Einsiedeln u.a. 1978, 25*-106*.

32 Allgemeine Einführung in das Stundengebet (wie Anm. 31) Nr. 12.

33 AEM Nr. 7 (wie Anm. 10). Vgl. Franziskus Eisenbach, Die Gegenwart Jesu Christi im Gottesdienst. Systematische Studien zur Liturgiekonstitution des II. Vatikanischen Konzils. Mainz 1982. Vgl. auch den Beitrag von Dorothea Sattler, Gott ist im Wort. Systematisch-theologische Aspekte, in diesem Band.

34 Vgl. Reiner Kaczynski, Theologischer Kommentar zur Konstitution über die heilige Liturgie Sacrosanctum Concilium, in: Herders Theologischer Kommentar zum Zweiten Vatikanischen Konzil. Bd. 2. Hg. v. Peter Hünermann – Bernd Jochen Hilberath. Freiburg/Br. 2004, 1–227, hier 67f.

35 PEML Nr. 24 (wie Anm. 24).

36 Vgl. oben Anm. 2 und 3.

37 Wort-Gottes-Feier (wie Anm. 3) 14.

Thomas Söding, „Nahe ist dir das Wort, in deinem Mund, in deinem Herz“

1 Grundinformationen über Schreiben, Lesen, Reden und Hören in der Antike finden sich in: Neues Testament und Antike Kultur. Bd. 2: Familie – Gesellschaft – Wirtschaft. Hg. v. Kurt Erlemann u.a. Neukirchen-Vluyn 2005, 223–248.

2 Zum Stellenwert in der Theologie der Heiligen Schrift vgl. Thomas Söding, Einheit der Heiligen Schrift? Zur Theologie des biblischen Kanons. Freiburg/Br. 2005 (QD 211).

3 Vgl. Klemens Richter, „Wort des lebendigen Gottes“. Die Bibel in der Feier unseres Glaubens, der Liturgie, in: Wege in die Bibel. Zwölf Experten erschließen neue Zugänge. Hg. v. Thomas Söding. Münster 2003, 121–130.

4 Vgl. Jonathan Whitlock, Schrift und Inspiration. Studien zur Vorstellung von inspirierter Schrift und inspirierter Schriftauslegung im antiken Judentum und in den paulinischen Schriften. Neukirchen-Vluyn 2002 (WMANT 98).

5 Das verbindet sich mit modernen Tendenzen der Rezeptionsästhetik; vgl. Ulrich H.J. Körtner, Der inspirierte Leser. Zentrale Aspekte biblischer Hermeneutik. Göttingen 1994 (Sammlung Vandenhoeck).

6 Vgl. Paul Konrad Kurz, Gott in der modernen Literatur. Münster [2]2003.

7 Diesen Unterschied macht Carlo Card. Martini, der ehemalige Erzbischof von Mailand, im Gespräch mit dem Mailänder Romancier und Linguisten Umberto Eco; vgl. Carlo M. Card. Martini/Umberto Eco, Woran glaubt, wer nicht glaubt? München 1999.

8 Für eine Kulturgeschichte des Lesens von großem Reiz ist: Alberto Morena, Geschichte des Lesens. Reinbek bei Hamburg 1999.

9 Das hat aus gutem Grund in den dreißiger Jahren Erik Peterson herausgearbeitet: Offenbarung des Johannes und politisch-theologische Texte. Aus dem Nachlass hg. v. Barbara Nichtweiß und Werner Löser SJ. Würzburg 2004 (Ausgewählte Schriften 4).

10 Vgl. Gerhard Lohfink, Bibel Ja – Kirche Nein? Kriterien richtiger Bibelauslegung. Bad Tölz 2004.

Dorothea Sattler, Gott ist im Wort

1 Hilde Domin, Worte, in: dies., Gesammelte Gedichte. Frankfurt/M. [7]1999, 124.

2 Vgl. dazu aus jüngerer Zeit: Thomas Söding, Gottes Menschenfreundlichkeit. Eine exegetische Meditation von Titus 3, in: GuL 71. 1998, 410–422.

3 Vgl. bes. Karl Rahner, Wort und Eucharistie, in: ders., Schriften zur Theologie Bd. 4: Neuere Schriften. Zürich u.a. [2]1961, 313–355.

4 Vgl. Jürgen Werbick, Lebensgeschichte als Glaubensgeschichte. Zur biographischen Struktur des konkreten Glaubens, in: Lernorte des Glaubens. Glaubensvermittlung unter den Bedingungen der Gegenwart. Hg. v. Werner Simon – Mariano Delgado. Berlin – Hildesheim 1991, 23–43.

5 Vgl. Rudolf Englert, Glaubensgeschichte und Bildungsprozeß. Versuch einer religionspädagogischen Kairologie. München 1985.

6 Werbick, Lebensgeschichte als Glaubensgeschichte (wie Anm. 4) 33. Werbick formuliert seine Gedanken im Anschluss an Peter Sloterdijk, Eurotaoismus. Zur Kritik der politischen Kinetik. Frankfurt/M. 1989.

7 Hilde Domin, Wort und Ding, in: dies., Gesammelte Gedichte (wie Anm. 1) 299.

Egbert Ballhorn, Bibellektüre, Rezeptionsästhetik und Liturgie

1 Zu diesem Erlebnisaspekt, der für den Umgang mit der Bibel gilt, aber ebenso für jede Form der Liturgie vgl. Friedrich Lurz, Erlebte Liturgie. Autobiographische Schriften als liturgiewissenschaftliche Quellen. Münster 2003 (Ästhetik – Theologie – Liturgik 28).

2 Es wäre allerdings, zumindest für Wort-Gottes-Feiern, zu überlegen, ob solche oder ähnliche Formen der Ehrung nicht auch der gesamten Bibel als dem Wort Gottes zukommen könnten.

3 Grundsätzlich zum Konzept einer leseorientierten Exegese vgl. Egbert Ballhorn, Zum Telos des Psalters. Der Textzusammenhang des Vierten und Fünften Psalmenbuches (Ps 90–150). Berlin – Wien 2004 (BBB 138) 17–30.

4 Wolfgang Iser, Der Akt des Lesens. Theorie ästhetischer Wirkung. München [4]1994, 60f. beschreibt dies so, „dass Texte erst im Gelesenwerden ihre Realität gewinnen".

5 Moisés Mayordomo-Marín, Den Anfang hören. Leserorientierte Evangelienexegese am Beispiel von Matthäus 1–2. Göttingen 1997 (FRLANT 180) 79, präzisiert den Begriff der Leerstelle in dreifacher Hinsicht: Er spricht von „narratologischen Leerstel-

len (fehlende Kohärenz auf der Erzählebene, Handlungszusammenhänge, Zeitsprünge usw.), thematischen Leerstellen (fehlende thematische Leitlinien, thematische Kohärenz) und affektiven/pragmatischen Leerstellen (Offenheit bei der Umsetzung der übermittelten Normenwerte und Handlungsanweisungen)".

6 Wolfgang Iser, Der implizite Leser. Kommunikationsformen des Romans von Bunyan bis Beckett. München 1972, 60: „Wird der Leser durch den Roman in eine solche Position manövriert, so heißt dies, daß er durch seine von den Signalen des Textes vorstrukturierten Reaktionen den Sinn des Romans hervorbringt, oder besser, daß sich der Sinn des Romans erst in diesen Reaktionen ereignet, da er als solcher expressis verbis nicht gegeben ist." Die literaturwissenschaftliche Aussage lässt sich auch in eine theologische transformieren: „Für das Problem der soteriologischen Suffizienz der Schrift folgt ..., daß ihre Texte zwar im Sinn einer allgemeinen Texttheorie unvollständig sind, sich aber selbst den Leser schaffen, dessen sie zu ihrer Vervollständigung bedürfen. Sie sind eine Strategie, traditionell gesprochen ein medium salutis, welches Glauben provoziert" (Ulrich H. J. Körtner, Der inspirierte Leser. Zentrale Aspekte biblischer Hermeneutik. Göttingen 1994, 111).

7 Hans Robert Jauß, Literaturgeschichte als Provokation der Literaturwissenschaft, in: Rezeptionsästhetik. Theorie und Praxis. Hg. v. Robert Warning. München [4]1993, 126–162, hier 143: „Der Abstand zwischen der aktuellen ersten Wahrnehmung eines Werks und seinen virtuellen Bedeutungen, oder anders gesagt: der Widerstand, den das neue Werk der Erwartung seines ersten Publikums entgegensetzt, kann so groß sein, daß es eines langen Prozesses der Rezeption bedarf, um das im ersten Horizont Unerwartete und Unverfügbare einzuholen."

8 Vgl. Körtner, Der inspirierte Leser (wie Anm. 6).

9 „Das literarische Substrat, der Text, ist aber nicht das Theologumenon, das für eine liturgiewissenschaftliche Bestimmung des ‚Wortes' ausreicht. Der Text als solcher ist noch nicht das Ereignis, sondern der Text in seinem Vermittlungs- bzw. Rezeptionszusammenhang." (Albert Gerhards, Das Wort, das zum Ereignis wird. Überlegungen zur Wirkweise des Wortes im Gottesdienst, in: BiLi 64. 1991, 135–140, hier 137).

10 Josef Andreas Jungmann, Wortgottesdienst im Lichte von Theologie und Geschichte. Regensburg 1965, 66.

11 Vgl. hierzu Werner Hahne, De arte celebrandi oder von der Kunst, Gottesdienst zu feiern. Entwurf einer Fundamentalliturgik. Freiburg/Br. [2]1991, 192–201; Gerhards, Das Wort, das zum Ereignis wird (wie Anm. 9) 138f., umschreibt die drei Dimensionen: Katabase – Gottes Sprechen zu uns als Vorbedingung des Wortgottesdienstes; Diabase – die Gestaltwerdung des Wortes im Menschen; Anabase – die weltverändernde Dynamik des Wortgottesdienstes.

12 Zur Theologie des Bibel-Teilens vgl. Oswald Hirmer – Georg Steins, Gemeinschaft im Wort. Werkbuch zum Bibel-Teilen. München 1999.

13 Auch wenn das ursprüngliche römische Schema „Lesung – Oration" lautet, so ist das diabatische Element doch darin enthalten, und zwar zum einen schon implizit im Augenblick des Hörens auf das Gotteswort, was ja immer auch gleichzeitige bedenkende Aneignung bedeutet, zum anderen in der ausdrücklich erwarteten Stille, die auf die Gebetsaufforderung „oremus" zu folgen hat. Dabei erscheint es heute höchst sinnvoll, der diabatischen Dimension einen eigenen, expliziten Raum zu geben.

14 Der liturgisch wohl eindrücklichste Ort, dies zu erleben, ist die Feier der Osternacht. Auf jede der biblischen Lesungen folgt ein Psalm mit Kehrvers, sodann eine Oration. So stellt der mit jeder Lesung neu beginnende Dreischritt eine in sich geschlossene Wort-Gottes-Feier dar, die freilich in den Gesamtzusammenhang der Vigil eingebettet ist. Der größere Zusammenhang kommt auch darin zum Ausdruck, dass die Orationen alle auf die Tauffeier ausgerichtet sind.

15 Die „Pigmenta" des heiligen Ansgar. Gebete der frühen Kirche im heidnischen Norden. Hg. v. Friedrich Delius u.a. Hamburg 1997, 13; vgl. ebd. 149–156; vgl. Stefan Waldhoff, Psalmenfrömmigkeit im frühen Mittelalter. Das Zeugnis der Vita Anskarii, in: ALw 46. 2004, 37–56.

16 Die „Pigmenta" des heiligen Ansgar (wie Anm. 15) 168f.

17 Gerade die Psalmen können alle drei Funktionen innerhalb des Gotteswortschemas erfüllen. Sie sind Gottes Wort an uns und können daher biblische Lesung sein; ebenso können sie der aneignenden Meditation des Gotteswortes dienen, wie es im „Antwort"psalm des Wortgottesdienstes der Messe geschieht, in dem die Gemeinde mit dem Kehrvers auf den Psalmenvortrag antwortet und so das Thema der Lesung nachklingen lässt. Und schließlich können manche Psalmabschnitte, von ihrer Gattung her, auch als direktes Gebet zu Gott gesprochen werden. Die grundsätzliche Polyvalenz der Psalmen ermöglicht es somit, ihre Aussage durch den jeweiligen Gebrauch zu vereindeutigen, sie als Gottes Botschaft zu hören, sie zu meditieren sowie mit ihnen oder ihnen nachfolgend zu beten. – Zum Aspekt des Psalters als Buch der „Lehre" vgl. Egbert Ballhorn, „Glücklich der Mensch ..." Weisung und Gebrauchsanweisung für den Psalter, in: Pastoralblatt 55. 2003, 12–16.

18 Hauptzeuge hierfür ist Johannes Cassian, De institutionibus coenobiorum; in deutscher Übersetzung: Frühes Mönchtum im Abendland I. Lebensformen. Hg. v. Karl Suso Frank. Zürich – München 1975, bes. II. Buch: Die Gebets- und Psalmenordnung für die Nacht, 129–145. Vgl. hierzu Reinhard Meßner, Einführung in die Liturgiewissenschaft. Paderborn u.a. 2001 (UTB 2173) 234–242.

19 Meßner, Einführung in die Liturgiewissenschaft (wie Anm. 18) 238.

20 Die „Pigmenta" des heiligen Ansgar (wie Anm. 15) 222–227.

21 Modifizierte Übernahme aus Meßner, Einführung in die Liturgiewissenschaft (wie Anm. 18) 227f.

22 An die Stelle der Bitte kann auch, entsprechend der biblischen Vorgabe, die Klage treten.

23 Zur Theologie des Gotteslobs vgl. Egbert Ballhorn, Die gefährliche Doxologie. Eine Theologie des Gotteslobes in den Psalmen, in: BiLi 77. 2004, 11–19.

24 Beispielhaft durchgeführt ist dies anhand der Perikopenorationen im Werkbuch Wort-Gottes-Feier. Werkbuch für die Sonn- und Feiertage. Hg. v. den Liturgischen Instituten Deutschlands und Österreichs. Trier 2004; dabei geht es dort jedoch um die Sonderform der *sonntäglichen* Wort-Gottes-Feier.

25 Neues Stundenbuch. Ausgewählte Studientexte für ein künftiges Brevier. Hg. v. den Liturgischen Instituten Salzburg, Trier, Zürich. 2 Bde. Freiburg/Br. 1970/1971. In dieser Art der Verwendung würde der Psalm die Rolle einer biblischen Lesung haben, während die Antiphon das diabatische Moment und die Oration dann die explizite Gebetsantwort darstellt.

26 Selbstverständlich handelt es sich hier nur um einen zu erwägenden Vorschlag. Im Einzelnen wird man immer auf die Weisen der möglichen Verwirklichung schauen

müssen. Aber gerade im Kontext der Gemeindeliturgie, die sich mühsam an den Werktagen neben der immer seltener stattfindenden Eucharistiefeier alt-neue Formen der Gottesdienstfeier zu erschließen versucht, kann die Form der Tagzeitenliturgie und der Wort-Gottes-Feier durch das Element der Perikopenoration sehr sinnvoll bereichert werden.

27 Dass hier wirklich das Gemeindegebet in die Form einer Oration hinein versammelt wird, ergibt sich auch aus der entsprechenden Form: Auf die Gebetsaufforderung „Oremus" folgt eine Weile stillen, wirklichen Gebetes der Gemeinde, allein dessen Zusammenfassung durch den Vorsteher der Liturgie die Oration darstellt. Dass die Gemeinde sich dieses Gebet zu eigen gemacht hat, bekräftigt sie durch ihr unverzichtbares „Amen". Wirklich erlebbar ist diese Form bei den Großen Fürbitten in der Karfreitagsliturgie. Nach der Nennung des Gebetsanliegens erfolgt mit dem Aufruf „Flectamus genua" die Einladung zum stillen Gebet der Gläubigen, das dann die laut gesprochene Oration nur „sammelt", worauf die Gemeinde es mit dem „Amen" abschließt (vgl. hierzu: Josef Andreas Jungmann, Missarum Sollemnia. Eine genetische Erklärung der römischen Messe I. Wien u.a. [5]1962, I, 469–478).

28 Ich danke Dr. Beate Gilles, P. Gregor Brazerol OSB und Dr. Harald Buchinger herzlich für vielfältige Anregungen.

Martin Stuflesser, „Viele nämlich halten die Schrift als Glaubens- und Lebensnorm in Ehren ..."

1 Vgl. Der Gast bringt Gott herein. Eucharistische Gastfreundschaft als Weg zur vollen Abendmahlsgemeinschaft. Mit Beiträgen von Karl Heinrich Bieritz, Margit Eckholt, Brigitte Enzner-Probst, Hans Georg Link, Dorothea Sattler, Martin Stuflesser. Hg. v. Joachim Hake. Stuttgart 2003.

2 Taufe, Eucharistie und Amt. Konvergenzerklärungen der Kommission für Glauben und Kirchenverfassung des Ökumenischen Rates der Kirchen. Mit einem Vorwort von William H. Lazareth und Nikos Nissiotis. Frankfurt/M. – Paderborn 1982, Nr. 6.

3 Enzyklika Ut unum sint von Papst Johannes Paul II. Über den Einsatz für die Ökumene. 25. Mai 1995. Hg. v. Sekretariat der Deutschen Bischofskonferenz. Bonn 1995 (VApS 121) Nr. 15.

4 Zit. in: Ut unum sint (wie Anm. 3) Nr. 21

5 Ut unum sint (wie Anm. 3) Nr. 44.

6 Ut unum sint (wie Anm. 3) Nr. 45.

7 Vgl. Päpstlicher Rat zur Förderung der Einheit der Christen, Direktorium zur Ausführung der Prinzipien und Normen über den Ökumenismus. 25.03.1993. Aus dem amtlichen französischen Urtext ins Deutsche übertragen vom Johann-Adam-Möhler-Institut für Ökumenik, Paderborn. Hg. vom Sekretariat der Deutschen Bischofskonferenz. Bonn 1993 (VApS 110) Nr. 94.

8 Ut unum sint (wie Anm. 3) Nr. 42.

9 Vgl. als neuere wissenschaftliche Studien zum Thema: Martin Stuflesser, Liturgisches Gedächtnis der einen Taufe. Überlegungen im ökumenischen Kontext. Freiburg/Br. 2004; ders., „Ich will den Weg des Glaubens gehen und folgen Gottes Leh-

ren ...“ Die liturgische Feier des Gedächtnisses der einen Taufe als Brennpunkt von lex orandi und lex agendi, in: Die diakonale Dimension der Liturgie. Hg. v. Benedikt Kranemann – Thomas Sternberg – Walter Zahner. Freiburg/Br. 2006 (QD 218) 180–193; ders. – Stephan Winter, Erneuere uns nach dem Bild deines Sohnes. Die Feiern des Taufgedächtnisses, der Umkehr und der Versöhnung. Regensburg 2005 (Grundkurs Liturgie 4), mit zahlreichen Praxisbeispielen.

10 Vgl. Wasser in der Wüste. Ökumenischer Taufgedächtnis-Gottesdienst. Hg. v. Deutschen Liturgischen Institut und der Materialstelle für Gottesdienst. Trier – Nürnberg 1996.

11 Wasser in der Wüste (wie Anm. 10) 2.

12 Vgl. Die Feier der Kindertaufe in den katholischen Bistümern des deutschen Sprachgebietes. Hg. im Auftrag der Bischofskonferenzen Deutschlands, Österreichs und der Schweiz und des Bischofs von Luxemburg. Einsiedeln u.a. 1993, 36f.

13 Vgl. Ökumenische Gottesdienste. Erarbeitet von Eberhard Amon u.a. Freiburg/Br. 2003 (PLR-GD).

14 Ökumenische Gottesdienste (wie Anm. 13) 9.

15 Vgl. Ökumenische Gottesdienste (wie Anm. 13) 18.

16 Vgl. Ökumenische Gottesdienste (wie Anm. 13) 17f.

17 Ut unum sint (wie Anm. 3) Nr. 26.

18 Ut unum sint (wie Anm. 3) Nr. 26

Birgit Jeggle-Merz, Wortgottesdienst: „colloquium inter Deum et hominem“

1 Vgl. Jürgen Bärsch, „Von größtem Gewicht für die Liturgiefeier ist die Heilige Schrift“ (SC 24). Zur Bedeutung der Bibel im Kontext des Gottesdienstes, in: LJ 53. 2003, 222–214; vgl. dazu grundlegend: Otto Semmelroth, Wortverkündigung und Sakramentenspendung als dialogisches Zueinander, in: Catholica 15. 1961, 43–60, hier 63: „Das Heil besteht ... darin, daß Gott sich den Menschen im versöhnenden Wort, das sein eigener Sohn ist, mitteilt und daß der Gottmensch in seinem Opfer als Antwort der Menschheit zu Gott emporsteigt. Weil durch die Kirche nach ihrem Stiftungssinn diesem Heilswerk Christi Dauer verliehen ist, muß sich in ihren Lebensfunktionen diese Zweieinheit von Abstieg und Aufstieg, Wort und Antwort, Gabe und Gegengabe spiegeln.“

2 Vgl. Thomas Söding, Einheit der Heiligen Schrift? Zur Theologie des biblischen Kanons. Freiburg/Br. u.a. 2005 (QD 211) 59.

3 Vgl. Albert Gerhards, Dem Wort Gottes Gestalt geben. Heutige Anfragen an tradierte Formen des Wortgottesdienstes, in: Wie das Wort Gottes feiern? Der Wortgottesdienst als theologische Herausforderung. Hg. v. Benedikt Kranemann – Thomas Sternberg. Freiburg/Br. u.a. 2002 (QD 194) 146–165.

4 Vgl. Eduard Nagel, „Wortgottesdienst“ oder „Wortgottesfeier“? Implikationen eines Wechsels im Ausdruck, in: Gottesdienst 33. 1999, 137–139.

5 Vgl. Albert Gerhards, Stationen der Gottesbegegnung. Zur theologischen Bestim-

mung der Sakramentenfeiern, in: Die Feier der Sakramente in der Gemeinde. Festschrift für Heinrich Rennings. Hg. v. Martin Klöckener – Winfried Glade. Kevelaer 1986, 17–30, hier 21.

6 Georg Steins, „Wort des lebendigen Gottes". Neue Brücken zwischen Bibelauslegung und Liturgie, in: ThG 48. 2005, 242–253, hier 246.

7 Wort-Gottes-Feier. Werkbuch für die Sonn- und Festtage. Hg. v. den Liturgischen Instituten Deutschlands und Österreichs im Auftrag der Deutschen Bischofskonferenz, der Österreichischen Bischofskonferenz und des Erzbischofs von Luxemburg. Trier 2004. – Die deutschschweizerischen Bischöfe haben vorab ein eigenes liturgisches Buch vorgelegt: Die Wortgottesfeier. Der Wortgottesdienst am Sonntag. Vorsteherbuch für Laien. Hg. v. Liturgischen Institut Zürich im Auftrag der deutschschweizerischen Bischöfe. Zürich 1997.

8 Vgl. Ansgar Franz, Der Psalm im Wortgottesdienst. Einladung zur Besichtigung eines ungeräumten Problemfeldes, in: Leseordnung. Altes und Neues Testament in der Liturgie. Hg. v. Georg Steins. Stuttgart 1997 (Gottes Volk S/97) 138–146.

9 Vgl. auch Benedikt Kranemann, Biblische Texte als Heilige Schrift in der Liturgie, in: Heilige Schriften. Ursprung, Geltung und Gebrauch. Hg. v. Christoph Bultmann – Claus-Peter März – Vasilios N. Makrides. Münster 2005, 159–171.

10 Vgl. Albert Gerhards, Mimesis – Anamnesis – Poiesis. Überlegungen zur Ästhetik christlicher Liturgie als Vergegenwärtigung, in: Pastoralästhetik. Die Kunst der Wahrnehmung und Gestaltung in Glaube und Kirche. Hg. v. Walter Fürst. Freiburg/Br. 2002 (QD 199) 169–186, hier 181.

11 Vgl. Reinhard Meßner, Einführung in die Liturgiewissenschaft. Paderborn u.a. 2001 (UTB 2173) 183; ders., Die Kirche an der Wende zum neuen Äon. Vorüberlegungen zu einer Theologie der eucharistischen Anamnese, in: Die Glaubwürdigkeit christlicher Kirchen. Auf dem Weg ins 3. Jahrtausend. Festschrift für Lothar Lies. Hg. v. Silvia Hell. Innsbruck – Wien 2000, 209–238, hier 233f.

12 Vgl. Benedikt Kranemann, Das „Lob- und Dankgebet" in der sonntäglichen Wort-Gottes-Feier. Zur Genese, Struktur und Theologie eines neuen Gebetselements, in: Wie das Wort Gottes feiern? (wie Anm. 3) 205–233.

13 Pastorales Schreiben „Mitte und Höhepunkt des ganzen Lebens der christlichen Gemeinde. Impulse für eine lebendige Feier der Liturgie". Hg. v. Sekretariat der Deutschen Bischofskonferenz. Bonn 2003 (DtBis 74) 9.

14 Meßner, Einführung in die Liturgiewissenschaft (wie Anm. 11) 191.

15 Georg Steins, „Wort des lebendigen Gottes" (wie Anm. 6) 247.

16 Auf diese Dimension von Wortgottesdienst weist hin: Paul Bradshaw, Perspectives historiques sur l'utilisation de la bible dans la liturgie, in: LMD Nr. 189, 1992, 79–104.

17 Nicht zu verwechseln ist diese Form des Wortgottesdienstes jedoch mit den im „gottesdienstlichen Alltag" immer wieder zu vernehmenden versteckten Handlungsanweisungen und Moralisierungen.

18 Pastorales Schreiben „Mitte und Höhepunkt" (wie Anm. 13) 13.

19 „Offenbarung ist Gottes Manifestation seines Gottseins in der Schöpfungs-Geschichte; sie dient dazu, den Menschen, die er erwählt, sein Gottsein zu erschließen – wie dies unter den endlichen Bedingungen von Raum und Zeit möglich ist (cf. 1 Kor 13)" (Söding, Einheit der Heiligen Schrift [wie Anm. 2] 13).

20 Pastorales Schreiben „Mitte und Höhepunkt" (wie Anm. 13) 33.
21 Kurt Koch, Ein Fest der Dankbarkeit. Gottesdienst feiern in einer säkularisierten Welt, in: Gottesdienst 40. 2006, 25–27, hier 27.
22 Vgl. zur unbekümmerten Redeweise von der „Wortkommunion" Franz Maier, Die zweifache Kommunion mit Christus nach der Lehre der Kirchenväter, in: GuL 25. 1952, 365–375.
23 Vgl. Benedikt Kranemann, Biblische Texte – liturgische Kontexte. Intertextualität und Schriftrezeption in der Liturgie, in: ThG 48. 2005, 254–264; vgl. auch Peter Tschuggnall, „Das Wort ist kein Ding". Eine theologische Einübung in den literaturwissenschaftlichen Begriff der Intertextualität, in: ZKTh 116. 1994, 160–178.
24 Vgl. z.B. Georg Braulik, Rezeptionsästhetik, kanonische Intertextualität und unsere Meditation des Psalters, in: HlD 57. 2003, 38–56.
25 Vgl. Georg Steins, Die Einheit der Heiligen Schrift – ein „aufgegebenes" Thema der Bibelexegese, in: rhs 48. 2005, 140–150.

Reiner Kaczynski, Leitung der Wort-Gottes-Feier und Leitungskompetenz

1 Bischof Kémérer: „Specialis Liturgia Verbi, qua talis, restauretur pro solemnioribus vigiliis et feriis atque pro dominicis et festis. Haec Liturgia Verbi Dei maximi momenti est pro illis locis qui sacerdote carent, quippe cum Diaconus, si habebitur, vel etiam vir laicus ab episcopo delegatus, illam agere possit." Acta Synodalia Sacrosancti Concilii Oecumenici Vaticani II. [Romae] 1979–1999, hier: I/1. 1970, 521.
2 Bischof Devoto: „Liturgica celebratio verbi Dei per se ipsa restauretur, praesertim pro vigiliis sollemnium festorum, pro aliquibus feriis adventus et quadragesimae. Insuper pro dominicis et diebus festivis iis in locis, quae sacerdote carent, quo in casu a diacono vel ab alio delegato episcopi praesidenda est." (Acta Synodalia [wie Anm. 1] 525).
3 Vgl. Acta Synodalia (wie Anm. 1) 521.
4 Vgl. Acta Synodalia (wie Anm. 1) 525.
5 Regensburg 1939, 54–66; ders., Wortgottesdienst im Lichte von Theologie und Geschichte, 4. umgearb. Aufl. der „Liturgischen Feier". Regensburg 1965, 54–67.
6 Jungmann, Die liturgische Feier (wie Anm. 5) 55; vgl. Jungmann, Wortgottesdienst (wie Anm. 5) 57.
7 Jungmann, Wortgottesdienst (wie Anm. 5) 57.
8 Lat. Text: Enchiridion documentorum instaurationis liturgicae 1. (1963–1973). Hg. v. Reiner Kaczynski. Torino 1976, 235–237; dt. Text: Dokumente zur Erneuerung der Liturgie 1: Dokumente des Apostolischen Stuhls 1963–1973. Hg. v. Heinrich Rennings unter Mitarbeit v. Martin Klöckener. Kevelaer 1983, 235–237.
9 Vgl. in diesem Band den Beitrag von Eduard Nagel, Mit oder ohne Kommunion?
10 Vgl. lat. Text: Kaczynski (wie Anm. 8) 2967–2976; dt. Text: Rennings – Klöckener (wie Anm. 8) 2967–2976.
11 Vgl. Joachim Meisner – Friedrich Kindermann, Stationsgottesdienste, in: Pastorale Aufsätze 5: Illuminare. Hg. v. Hugo Aufderbeck. Leipzig 1971, 80–85; vgl. auch

Laien spenden Eucharistie im Wortgottesdienst. Ein Erfahrungsbericht. Hg. v. Seelsorgereferat des Bischöflichen Ordinariats Berlin. Berlin 1968, 5–32.

12 Gottesdienst. Beschluß, in: Gemeinsame Synode der Bistümer in der Bundesrepublik Deutschland. Beschlüsse der Vollversammlung. Offizielle Gesamtausgabe I. Hg. im Auftrag des Präsidiums der Gemeinsamen Synode ... v. Ludwig Bertsch u.a. Freiburg/Br. 1976, 196–225, hier 205.

13 Vgl. Gotteslob. Katholisches Gebet- und Gesangbuch. Hg. v. den Bischöfen Deutschlands, Österreichs und den Bistümern Bozen-Brixen und Lüttich. Stammausgabe. Stuttgart 1975, Nr. 370.

14 Lat. Text: Enchiridion documentorum instaurationis liturgicae 3. (4.12.1983–4.12.1993). Hg. v. Reiner Kaczynski. Roma 1997, 6168; dt. Text: Dokumente zur Erneuerung der Liturgie 3: Dokumente des Apostolischen Stuhls 4.12.1983–3.12.1993. Mit Supplementum zu Band 1 und 2, übers., bearb. u. hg. v. Martin Klöckener unter Mitarbeit von Guido Muff. Kevelaer – Freiburg/Schw. 2001, 6168.

15 Lat. Text: Kaczynski (wie Anm. 14) 6181; dt. Text: Klöckener (wie Anm. 14) 6181.

16 Lat. Text: Kaczynski (wie Anm. 14) 6182; dt. Text: Klöckener (wie Anm. 14) 6182.

17 AAS 80. 1988, 1373.

18 Amtsblatt für das Erzbistum Münc[illegible] und Freising 1988, 90.

19 Gottesdienst. Beschluß (wie Anm. 12) [illegible]

20 Direktorium für die Erzdiözese München und Frei[illegible] [illegible]005–2006, 53.

21 Vgl. Reiner Kaczynski, Was ist eine „Homilie“? – Wer dar[illegible] [illegible]lten?, in: Klerusblatt 69. 1989, 38–40.

22 Lat. Text: Kaczynski (wie Anm. 8) 251–253; dt. Text: Rennings – Klöckener (w[illegible] Anm. 8) 251–253.

23 Die Beteiligung der Laien an der Verkündigung. Beschluß, in: Gemeinsame Synode der Bistümer in der Bundesrepublik Deutschland (wie Anm. 12) 169-178, hier 174.

24 Vgl. Richtlinien für die Beteiligung der Laien an der Verkündigung in den Diözesen der Bundesrepublik Deutschland, in: Gemeinsame Synode der Bistümer in der Bundesrepublik Deutschland (wie Anm. 12) 179–182.

25 Vgl. Reskript der Klerus-Kongregation an den Vorsitzenden der Deutschen Bischofskonferenz über die Beauftragung von Laien zur Predigt vom 20. November 1973, in: Gemeinsame Synode der Bistümer in der Bundesrepublik Deutschland (wie Anm. 12) 182–185. Zum Vergleich des Synodenbeschlusses und des römischen Reskripts sowie dieses Reskripts mit den Richtlinien der Deutschen Bischofskonferenz vgl. Karl Lehmann, Die Beteiligung der Laien an der Verkündigung. Einleitung, in: Gemeinsame Synode der Bistümer in der Bundesrepublik Deutschland (wie Anm. 12) 153–169, hier 165f. – Die Tatsache, dass dieses Reskript verhältnismäßig rasch in Deutschland eingetroffen und wie erwünscht ausgefallen war, hing sicherlich mit dem engagierten Einsatz von Kardinal Döpfner in dieser Angelegenheit und mit dessen hohem Ansehen als Vorsitzender der Deutschen Bischofskonferenz und als ehemaligem Moderator des Konzils zusammen.

26 Ordnung des Predigtdienstes von Laien: Amtsblatt für das Erzbistum München und Freising 1988, 238–240; vgl. auch Liturgische Einführung bezüglich der „Ordnung des Predigtdienstes von Laien“, ebd. 240f.

27 Instruktion „Redemptionis Sacramentum“ über einige Dinge bezüglich der heiligsten Eucharistie, die einzuhalten und zu vermeiden sind. 25. März 2004. Hg. v. Sekretariat der Deutschen Bischofskonferenz. Bonn 2004 (VApS 164) Nr. 163.

28 Vgl. Wort-Gottes-Feier. Werkbuch für die Sonn- und Festtage. Hg. von den Liturgischen Instituten Deutschlands und Österreichs im Auftrag der Deutschen Bischofskonferenz, der Österreichischen Bischofskonferenz und des Erzbischofs von Luxemburg. Trier 2004.

Benedikt Kranemann, „Lob- und Dankgebet“ – ein neues Gebetselement in der Wort-Gottes-Feier

1 Vgl. Wort-Gottes-Feier. Werkbuch für die Sonn- und Festtage. Hg. von den Liturgischen Instituten Deutschlands und Österreichs im Auftrag der Deutschen Bischofskonferenz, der Österreichischen Bischofskonferenz und des Erzbischofs von Luxemburg. Trier 2004; schon hier muss ein wenige Jahre zuvor durch die katholischen Bischöfe der deutschsprachigen Schweiz herausgegebenes Buch genannt werden: Die Wortgottesfeier. Der Wortgottesdienst der Gemeinde am Sonntag. Vorsteherbuch für Laien. Hg. v. Liturgischen Institut Zürich im Auftrage der deutschschweizerischen Bischöfe. Freiburg/Schw. 1997.

2 Vgl. zum Verhältnis von Heiliger Schrift und Liturgie Jürgen Bärsch, „Von größtem Gewicht für die Liturgiefeier ist die Heilige Schrift“. Zur Bedeutung der Bibel im Kontext des Gottesdienstes, in: LJ 53. 2003, 222–241; Benedikt Kranemann, Biblische Texte als Heilige Schrift in der Liturgie, in: Heilige Schriften. Ursprung, Geltung und Gebrauch. Hg. v. Christoph Bultmann – Claus-Peter März – Vasilios Makrides. Münster 2005, 159–171 sowie folgenden Sammelband: Wie das Wort Gottes feiern? Der Wortgottesdienst als theologische Herausforderung. Hg. v. Benedikt Kranemann – Thomas Sternberg. Freiburg/Br. 2002 (QD 194). Die Beiträge enthalten zahlreiche Literaturhinweise zum Thema. Ganz mit Blick auf die Praxis abgefasst ist ein Heft, das Eduard Nagel erarbeitet hat: Gottes Wort feiern. Der Wortgottesdienst der Messfeier. Trier 2000 (Sinn & Gestalt) [Bezug: Deutsches Liturgisches Institut, Postfach 2628, 54216 Trier].

3 Vgl. dazu in diesem Band den Beitrag von Dorothea Sattler, Gott ist im Wort. Systematisch-theologische Aspekte.

4 Wort-Gottes-Feier (wie Anm. 1) 13.

5 Einen guten und vor allem anregenden Überblick vermittelt Otto Nußbaum, Von der Gegenwart Gottes im Wort, in: Gott feiern. Theologische Anregung und geistliche Vertiefung zur Feier von Messe und Stundengebet. Hg. v. Josef G. Plöger. Freiburg/Br. u.a. 1980, 116–132.

6 Wort-Gottes-Feier (wie Anm. 1) 14.

7 Der Erfurter Theologe Eberhard Tiefensee hat beschrieben, wie in der politischen Wende des Jahres 1989 am 8. Oktober 1989, dem 27. Sonntag im Jahreskreis, Lesejahr C, Hab 1,2-3; 2,2-4 gelesen wurde: „Wie lange, Herr, soll ich noch rufen, und du hörst nicht? Ich schreie zu dir: Hilfe, Gewalt!“ Die Lesung müsse „den damaligen Hörern in Leipzig wie ein zweischneidiges Schwert, das in die gespannte Situation fährt ..., vorgekommen sein“ – ein sehr eindrückliches Beispiel für Lebensdeutung durch die Liturgie (Eberhard Tiefensee, Die Friedensgebete in Leipzig und die Wende 1989, in: LJ 49. 1999, 145–170, hier 160f.).

8 Wort-Gottes-Feier (wie Anm. 1) 14.

9 Vgl. zu diesem „Dreischritt“ aus Lesung – Gesang – Gebet, auf den Josef Andreas Jungmann hingewiesen hat, in diesem Band den Beitrag von Reiner Kaczynski, Leitung der Wort-Gottes-Feier und Leitungskompetenz.

10 Der Liturgiewissenschaftler Angelus A. Häußling hat das unterstrichen. Auf die Frage, wie der Mensch heute bzw. wie man mit Menschen heute Liturgie feiern könne, hat er geantwortet: „Eigentlich ganz einfach: Liturgie so feiern, mitfeiern, wie sie von sich aus sein will; einfach ihre Grundstrukturen aufspüren und herausstellen, ihre elementaren Aussagen suchen und ins Zeichen und Wort bringen, und dies durchaus um den Preis, fallweise auch denkmalpflegerisch geschätztes Gut zu opfern.“ Er konkretisiert das so: „Ich sehe in dieser Feier – sofern ich Glück habe und die Gemeinde und ihre Vorsteherschaft sie nüchtern und umsichtig begeht –, wie alles den einfachen, heilsamen Aussagen dient: Menschen sind gerufen und versammeln sich, ihre Gemeinschaft hat eine Struktur, die nicht menschlichem Machtstreben verdankt wird – gebe Gott, daß es so ist; es wird sichtbar und hörbar, was in dieser Gemeinde führt, nämlich allein Gottes Wort; Brüder und Schwestern helfen, daß ich meine Antwort finde, weil sie mir einladend vorsprechen und vorsingen“. Häußling führt das weiter für die Eucharistie aus, aber man erkennt rasch, wie sich diese Überlegungen ohne Einschränkungen auf die Wort-Gottes-Feier übertragen lassen. (Angelus A. Häußling, Liturgie und Leben, in: ders., Christliche Identität aus der Liturgie. Theologische und historische Studien zum Gottesdienst der Kirche. Hg. von Martin Klöckener – Benedikt Kranemann – Michael B. Merz. Münster 1997 [LQF 79] 131–139, hier 138.)

11 Um die Theologie des Sonntags, die in den hier berücksichtigten Texten aufscheint, ausloten zu können, lohnt die Beschäftigung mit der Geschichte und gegenwärtigen liturgischen Gestalt dieses Tages; vgl. dazu die konzise Darstellung bei Karl-Heinrich Bieritz, Das Kirchenjahr. Feste, Gedenk- und Feiertage in Geschichte und Gegenwart. München ^{7}2005, 56ff.; vgl. auch das Themenheft „Sabbat – Sonntag – Feiertag“: Bibel heute 37. 2001, Heft 148.

12 Zum Verhältnis von Liturgie und Diakonie vgl. aus der Perspektive unterschiedlicher theologischer Disziplinen die Beiträge in: Die diakonale Dimension der Liturgie. Hg. v. Benedikt Kranemann – Thomas Sternberg – Walter Zahner. Freiburg/Br. 2006 (QD 218).

13 Vgl. Wort-Gottes-Feier (wie Anm. 1) 14.

14 Vgl. im Detail zu Geschichte, Theologie und formaler Gestalt: Benedikt Kranemann, Das „Lob- und Dankgebet“ in der sonntäglichen Wort-Gottes-Feier. Zu Genese, Struktur und Theologie eines neuen Gebetselements, in: Wie das Wort Gottes feiern? Der Wortgottesdienst als theologische Her[illegible]derung (wie Anm. 2) 205–233.

15 Wortgottesfeier [Schweiz] (wie Anm. 1) 12.

16 Richard Schaeffler, Kleine Sprachlehre des Gebets. Einsiedeln – Trier 1988 (Sammlung Horizonte NF 26) 108.

17 Vgl. Schaeffler, Kleine Sprachlehre des Gebets (wie Anm. 16) 110.

18 Schaeffler, Kleine Sprachlehre des Gebets (wie Anm. 16) 111.

19 Vgl. Wort-Gottes-Feier (wie Anm. 1) 57–60.

20 Zur Israeltheologie in diesem neuen Gebetstypus vgl. Daniela Kranemann, Lobpreis für das Wort der Heiligen Schrift – Lobpreis für Israel. Anmerkungen zu einem neuen Gebetstypus innerhalb der katholischen Theologie, in: „... dass er euch auch

erwählet hat". Jüdisches wahrnehmen. Gott feiern. Hg. v. Alexander Deeg – Irene Mildenberger. Leipzig 2006 (Beiträge zu Liturgik und Spiritualität) [im Druck].

21 Wort-Gottes-Feier (wie Anm. 1) 60.

22 Wort-Gottes-Feier (wie Anm. 1) 60.

23 Wort-Gottes-Feier (wie Anm. 1) 172f.

24 Wort-Gottes-Feier (wie Anm. 1) 173.

25 Vgl. Wort-Gottes-Feier (wie Anm. 1) 174–177.

26 Wort-Gottes-Feier (wie Anm. 1) 174.

27 Wort-Gottes-Feier (wie Anm. 1) 175.

28 Wort-Gottes-Feier (wie Anm. 1) 177.

29 Wort-Gottes-Feier (wie Anm. 1) 178f. In Wortgottesfeier [Schweiz] (wie Anm. 1) findet sich ein ähnliches Gebet, überschrieben „Lobpreis des Vaters für Jesus Christus" (45–47).

30 Wort-Gottes-Feier (wie Anm. 1) 180f.

31 Wort-Gottes-Feier (wie Anm. 1) 182f. Der Text ist übernommen worden aus Wortgottesfeier [Schweiz] (wie Anm. 1): „Lobpreis des Vaters für sein Wort in der Heilsgeschichte" (33–35).

32 Wort-Gottes-Feier (wie Anm. 1) 182.

33 Wort-Gottes-Feier (wie Anm. 1) 183.

34 Wort-Gottes-Feier (wie Anm. 1) 184f. In der Wortgottesfeier [Schweiz] (wie Anm. 1) trägt ein ähnliches, aber ausführlicheres Gebet den Titel „Danksagung für den Sonntag" (39–41).

35 Wortgottesfeier [Schweiz] (wie Anm. 1) 36–38.

36 Wortgottesfeier [Schweiz] (wie Anm. 1) 37.

37 Wortgottesfeier [Schweiz] (wie Anm. 1) 42–44.

38 Wortgottesfeier [Schweiz] (wie Anm. 1) 43.

39 Wortgottesfeier [Schweiz] (wie Anm. 1) 44.

40 Wortgottesfeier [Schweiz] (wie Anm. 1) 48–50.

41 Wortgottesfeier [Schweiz] (wie Anm. 1) 50.

42 Einen sehr guten und praxisnahen Überblick über die unterschiedlichen nichtsprachlichen Ausdruckselemente der Liturgie bietet: Volk Gottes auf dem Weg. Bewegungselemente im Gottesdienst. Hg. v. Wolfgang Meurers. Mainz 1989. Gleichsam als ein „Klassiker" lohnt immer wieder neu die Lektüre des erstmals 1922 erschienenen Bändchens von Romano Guardini, Von heiligen Zeichen. Mainz 1992 u.ö.

43 Wort-Gottes-Feier (wie Anm. 1) 23.

44 Einen Einblick in neue Überlegungen zur „Liturgischen Bildung" gibt das Liturgische Jahrbuch 55. 2005, H. 2, vor allem: Winfried Haunerland, Gottesdienst als „Kulturleistung". Von der Notwendigkeit und den Zielen liturgischer Bildung (67–81); Andrea Pichlmeier, Lex orandi – lex vivendi: Liturgische Bildung und Lebenserfahrung. Thesen aus religionspädagogischer Sicht (82–95); Markus Eham, Vom Erleben zum Verstehen. Die Bedeutung gottesdienstlicher Erfahrung für die liturgische Bildung (96–112). Es ist eine lohnende Aufgabe, die Wort-Gottes-Feier durch liturgische Bildung zu erschließen und dadurch zu ihrer Implementierung in die Gemeinde beizutragen.

Wolfgang Bretschneider, Wie findet die Gemeinde Zugang zu den Psalmen?

1 Johann Baptist Metz, Gotteskrise. Versuch zur „geistigen Signatur der Zeit“, in: Diagnosen zur Zeit. Mit Beiträgen von Johann Baptist Metz, Günther Bernd Ginzel, Peter Glotz, Jürgen Habermas, Dorothee Sölle. Düsseldorf 1994, 76–92, hier 79. 81.

2 Vgl. Preisungen. Psalmen mit Antwortrufen. Hg. v. Godehard Joppich – Christa Reich – Johannes Sell. 3., erw. u. überarb. Aufl. Münsterschwarzach 2005.

3 Vgl. Kantorenbuch zum Gotteslob. Hg. v. Paul Nordhues. Freiburg/Br. 2001.

4 Vgl. Münchener Kantorale für die musikalische Gestaltung der Meßfeier. Vorschläge zu den Propriumsteilen aus dem „Gotteslob“ und Gesänge im Wortgottesdienst: Antwortpsalm, Ruf vor dem Evangelium. Hg. von Markus Eham ... Planegg 1991–1996.

5 Vgl. u.a. Du bist der Atem meiner Lieder. Gesänge von Huub Oosterhuis – Bernard Hujbers. Übertragen ins Deutsche v. Peter Pawlowsky. Freiburg/Br. u.a. 1976; Huub Osterhuis, Ich steh vor dir. Meditationen, Gebete und Lieder. Hg. v. Cornelis Kok. Freiburg/Br. 2004. Vgl. auch Alex Stock, Hierhin, Atem. Zur poetischen Theologie von Huub Oosterhuis. Amsterdam 1994.

6 Vgl. Paul Ringseisen u.a., Morgenlob – Abendlob. Mit der Gemeinde feiern. Dienstebuch. 3 Bde. Planegg 2000/2004.

Eduard Nagel, Mit oder ohne Kommunion?

1 Beschluß: Gottesdienst, in: Gemeinsame Synode der Bistümer in der Bundesrepublik Deutschland. Beschlüsse der Vollversammlung. Offizielle Gesamtausgabe I. Freiburg/Br. 1976, 196–225, hier Abs. 2.1–3.

2 Vgl. Beschluß: Gottesdienst (s. Anm. 1) Abs. 2.4.3.

3 Vgl. Kongregation für den Gottesdienst, Sonntäglicher Gemeindegottesdienst ohne Priester. Mit einer Einführung der Deutschen Bischofskonferenz. Hg. v. Sekretariat der Deutschen Bischofskonferenz. Bonn 1988 (VApS 94) Nr. 30, 41d.

Karl Schlemmer, Zeichen in der Wort-Gottes-Feier

1 Paul Tillich, Gesammelte Werke 5. Stuttgart 1964, 196f.

2 Paul Tillich, Gesammelte Werke 8. Stuttgart 1970, 139f.

3 Alfons Kirchgässner, Heilige Zeichen der Kirche. Aschaffenburg 1959, 42.

Hermann Würdinger, Unsere Zeit und Gottes Wort – Die Predigt in der Wort-Gottes-Feier

1 Vgl. Wort-Gottes-Feier. Werkbuch für die Sonn- und Festtage. Hg. von den Liturgischen Instituten Deutschlands und Österreichs im Auftrag der Deutschen Bischofskonferenz, der Österreichischen Bischofskonferenz und des Erzbischofs von Luxemburg. Trier 2004.

2 Wort-Gottes-Feier (wie Anm. 1) 25f.

3 Die Zeitschrift erscheint im Schwabenverlag, Ostfildern.

4 Einer der bekanntesten Vertreter ist Friedemann Schulz von Thun, dessen neuestes Werk den Titel trägt: Miteinander reden 1–3: Störungen und Klärungen; Stile, Werte und Persönlichkeitsentwicklung; Das „Innere Team“ und situationsgerechte Kommunikation. Reinbek 2006 (im Druck).

5 Hermann Hesse, Mein Glaube. Frankfurt/M. 1974, 100.

6 Impulse zur Bibelarbeit bekommt man in: Anneliese Hecht, Zugänge zur Bibel. Methoden für Gruppen. Schnupperkurs. Stuttgart [2]2003.

7 „Unsere Hoffnung – Gottes Wort, Evangelien und Lesungen der Sonn- und Festtage. Auslegung und Verkündigung“ wird herausgegeben von Konrad Baumgartner und Otto Knoch bzw. Ehrenfried Schulz und Otto Wahl und erscheint im Knecht-Verlag. Für das Lesejahr A hat der Verlag Herder die Bände auf einer kostengünstigen CD-ROM-Version herausgegeben.

8 Die verschiedenen Bände sind im Herder-Verlag erschienen.

9 Vgl. z.B. Studienbriefe Predigt, P2 Aufbau der Predigt. Hg. v. der Arbeitsgemeinschaft Missionarische Dienste. Stuttgart 1975, oder Rolf Zerfaß, Grundkurs Predigt 2: Textpredigt. Düsseldorf 1992.

10 Vgl. Heribert Arens, Vom Umgang mit Predigtvorlagen, in: Der Prediger und Katechet 122. 1982/83, 3. Die Einzelbeiträge sind überschrieben: Die Grundsatzfrage (ebd. 3–4); Von der Predigtvorlage zur persönlichen Predigt – ein Weg (ebd. 131–132); Das Predigtziel (ebd. 261–262); Analyse und Bearbeitung der Einzelteile (ebd. 393–394. 515–514. 643). Zwei abschließende Impulse zur Form der Predigt (ebd. 643–644).

Albert Gerhards, Der Ambo als Ort der Wortverkündigung

1 Vgl. unter den kirchlichen Dokumenten u.a. Leitlinien für den Bau und die Ausgestaltung von gottesdienstlichen Räumen. Hg. v. Sekretariat der Deutschen Bischofskonferenz. 25. Oktober 1988. Bonn [6]2002 (Die deutschen Bischöfe. Liturgiekommission 9); Liturgie und Bild. Eine Orientierungshilfe. Handreichung der Liturgiekommission der Deutschen Bischofskonferenz. 23. April 1996. Hg. v. Sekretariat der Deutschen Bischofskonferenz. Bonn 1996 (Arbeitshilfen 132). In der neueren wissenschaftlichen Literatur befassen sich u.a. mit dem Ambo: Themenheft „Orte der Verkündigung“: Mün. 58. 2005, 337–380; Rudolf Pacik, Der Ambo in der erneuerten Liturgie, in: Sursum Corda. Variationen zu einem Liturgischen Motiv. Für Philipp Harnoncourt zum 60. Geburtstag. Hg. v. Erich Renhart – Andreas

Schnider. Graz 1991, 243–254.

2 Albert Gerhards, Der Ambo – Tisch des Wortes Gottes. 3. Internationaler liturgischer Kongress in Bose, in: Gottesdienst 39. 2005, 126f. die Kongressbeiträge sind dokumentiert in: André Birmelé u.a., L'Ambone. Tavola della parola di Dio. Atti del III Convegno liturgico internazionale Bose, 2–4 giugno 2005. „A cura di Goffredo Boselli", Magnano 2006; vgl. auch Communio-Räume. Auf der Suche nach der angemessenen Raumgestalt katholischer Liturgie. Hg. v. Albert Gerhards – Thomas Sternberg – Walter Zahner. Regensburg 2003 (Bild – Raum – Feier. Studien zu Kirche und Kunst 2).

3 Vgl. Albert Gerhards, „... zu immer vollerer Einheit mit Gott und untereinander gelangen" (SC 48). Die Neuordnung der Kirchenräume durch die Liturgiereform, in: Liturgiereform. Eine bleibende Aufgabe. 40 Jahre Konzilskonstitution über die heilige Liturgie. Hg. v. Klemens Richter – Thomas Sternberg. Münster 2004, 126–143.

4 Vgl. Hanns Peter Neuheuser, Das Bild vom Tisch des Wortes und des Brotes. Kernaussagen der Liturgiekonstitution zum Verhältnis von Wortliturgie und Eucharistiefeier, in: Wort und Buch in der Liturgie. Interdisziplinäre Beiträge zur Wirkmächtigkeit des Wortes und zur Zeichenhaftigkeit des Buches. Hg. v. Hanns Peter Neuheuser. St. Ottilien 1995, 133–169.

5 Vgl. Hansjakob Becker, Liturgiegeschichte in Bildern. Wesen und Wandel des christlichen Gottesdienstes von den jüdischen Wurzeln bis an die Schwelle des 3. Jahrtausends. Eine Nachlese der Liturgiekonstitution, in: Gottesdienst – Kirche – Gesellschaft. Interdisziplinäre und ökumenische Standortbestimmungen nach 25 Jahren Liturgiereform. St. Ottilien 1991 (PiLi 5) 245–300, hier 258–260, Abb. 279.

6 Abb. vgl. in Birmelé u.a., L'Ambone (wie Anm. 2) Tafel 21.

7 Vgl. Josef Wohlmuth, Tavola del pane, tavola della parola, in: Birmelé u.a., L'Ambone (wie Anm. 2) 67–86.

8 Vgl. Crispino Valenziano, L'ambone: aspetti storici, in: Birmelé u.a., L'Ambone (wie Anm. 2) 87–100; Antonio Milone – Roberto Paolo Novello, Il corpus italico degli amboni medievali, in: ebd. 101–131; dazu ebd. (unpaginiert) Tavole 1–37: I sezione – Corpus italico degli amboni medievali; vgl. auch Albert Gerhards, Mimesis – Anamnesis – Poiesis. Überlegungen zur Ästhetik christlicher Liturgie als Vergegenwärtigung, in: Pastoralästhetik. Die Kunst der Wahrnehmung und Gestaltung in Glaube und Kirche. Hg. v. Walter Fürst. Freiburg/Br. 2002 (QD 199) 169–186.

9 Vgl. Reinhard Meßner, Gebetsrichtung, Altar und die exzentrische Mitte der Gemeinde, in: Communio-Räume. (wie Anm. 2) 27–36, hier 28f.

10 Vgl. Burkhard Cramer, Der offene Ring. Erfahrungen bei einer Eucharistiefeier auf Burg Rothenfels: konturen. rothenfelser rundbrief 01/06. Rothenfels 2006, 13f.

11 Salomon Korn, Deutsche Synagogen: Eine Einführung, in: Synagogen in Deutschland. Eine virtuelle Rekonstruktion. Kunst- und Ausstellungshalle der Bundesrepublik Deutschland, 17. Mai bis 16. Juli 2000 in Bonn. Bonn 2000, 22–29, hier 23.

12 Korn, Deutsche Synagogen (wie Anm. 11) 23.

13 Korn, Deutsche Synagogen (wie Anm. 11) 23f.

14 Korn, Deutsche Synagogen (wie Anm. 11) 24.

15 Korn, Deutsche Synagogen (wie Anm. 11) 24.

16 Korn, Deutsche Synagogen (wie Anm. 11) 25.

17 Vgl. In der Mitte der Versammlung. Liturgische Feierräume. Hg. v. Albert Gerhards. Trier 1999 (Liturgie & Gemeinde. Impulse & Perspektiven 5) 23–25.

18 Meßner, Gebetsrichtung (wie Anm. 9) 28f.

19 Meßner, Gebetsrichtung (wie Anm. 9) 29.

20 Meßner, Gebetsrichtung (wie Anm. 9) 29.

21 Vgl. Albert Gerhards, Dem Wort Gottes Gestalt geben. Heutige Anfragen an tradierte Formen des Wortgottesdienstes, in: Wie das Wort Gottes feiern? Der Wortgottesdienst als theologische Herausforderung. Hg. v. Benedikt Kranemann – Thomas Sternberg. Freiburg/Br. 2002 (QD 194) 146–165.

22 Vgl. Benedikt Kranemann, Wort – Buch – Verkündigungsort. Zur Ästhetik der Wortverkündigung im Gottesdienst, in: Liturgia et Unitas. Liturgiewissenschaftliche und ökumenische Studien zur Eucharistie und zum gottesdienstlichen Leben in der Schweiz. Etudes liturgiques et oecuméniques sur l'Eucharistie et la vie liturgique en Suisse. In honorem Bruno Bürki. Hg. v. Martin Klöckener – Arnaud Join-Lambert. Fribourg – Genève 2001, 57–72.